DESCOBRINDO MINHA VOCAÇÃO

Pe. GERALDO DE PAULA SOUZA, C.Ss.R.
Ir. SANDRA DE SOUZA, ASCJ

DESCOBRINDO MINHA VOCAÇÃO

ACOMPANHAMENTO VOCACIONAL
SEGUNDA ETAPA

EDITORA
SANTUÁRIO

DIREÇÃO EDITORIAL:
Pe. Fábio Evaristo Resende Silva, C.Ss.R.

COORDENAÇÃO EDITORIAL:
Ana Lúcia de Castro Leite

COPIDESQUE:
Luana Galvão

REVISÃO:
Ana Lúcia de Castro Leite
Cristina Nunes
Leila Cristina Dinis Fernandes

DIAGRAMAÇÃO E CAPA:
Bruno Olivoto

Dados Internacionais de Catalogação na Publicação (CIP)
(Câmara Brasileira do Livro, SP, Brasil)

Souza, Geraldo de Paula
Descobrindo minha vocação: acompanhamento vocacional: segunda etapa / Geraldo de Paula Souza, Sandra de Souza. – Aparecida, SP: Editora Santuário, 2015.

ISBN 978-85-369-0370-5

1. Formação religiosa 2. Serviço de animação vocacional 3. Vida cristã 4. Vocação I. Souza, Sandra de. II. Título.

15-02941   CDD-248.89

Índices para catálogo sistemático:
1. Vocação religiosa: Guias de vida cristã: Cristianismo 248.89

2ª impressão

Todos os direitos reservados à EDITORA SANTUÁRIO – 2017

Rua Pe. Claro Monteiro, 342 – 12570-000 – Aparecida-SP
Tel.: 12 3104-2000 – Televendas: 0800 - 16 00 04
www.editorasantuario.com.br
vendas@editorasantuario.com.br

SUMÁRIO

Apresentação | 7
Introdução | 9

1. Oração pessoal | 11
2. Vocação cristã à santidade | 17
3. Deus chama ao longo da história | 23
4. A vocação de Abraão | 31
5. A vocação de Moisés | 37
6. A vocação de Samuel | 45
7. A vocação de Isaías | 51
8. A vocação de Jeremias | 59
9. A vocação de João Batista | 65
10. A vocação de Maria | 73
11. Jesus, o vocacionado do Pai | 81
12. A vocação de Mateus | 89
13. A vocação de Filipe | 95
14. A vocação da samaritana | 103
15. A vocação de Maria Madalena | 109
16. A vocação de Marta | 115
17. A vocação do jovem rico | 123
18. A vocação de Paulo | 129
19. Jesus continua a chamar
    os vocacionados ... | 135
20. Dentre tantos vocacionados
    Jesus chama você | 141

Conclusão | 147
Bibliografia | 149

"A alegria do Evangelho enche o coração e a vida inteira dos que se encontram com Jesus. Com Jesus Cristo sempre nasce e renasce a alegria."

"Quero dizer-vos uma palavra, e a palavra é alegria. *Sempre onde estão os consagrados, sempre há alegria!"*

Papa Francisco

APRESENTAÇÃO

As citações acima pertencem ao texto *Alegrai-vos*, primeira Carta Circular do Papa aos Consagrados e às Consagradas para o Ano da Vida Consagrada. Os Religiosos e as Religiosas são chamados a servir o Reino na alegria em Jesus Cristo. Na alegria e na liberdade, com brilho nos olhos e ardor no coração, a Vida Religiosa Consagrada (VRC) é sinal de Deus para o mundo.

Com esse espírito, apresento-lhe o livro *Descobrindo minha Vocação*, escrito para ajudar você a ser feliz na missão. A descoberta da vocação não é pontual, mas processual. O "sim" ofertado no início é dinâmico, criativo, adapta-se permanentemente no tempo e no espaço para que você possa ser criativo na fidelidade a Deus.

A realidade lança perguntas e clama por respostas urgentes, visto que os problemas sociais e os ambientes – intensos, frequentes e abrangentes – sinalizam que o Reino de Deus, que é essência, está sendo relativizado e banalizado. E aqui está a beleza da vocação para a VR: a possibilidade de se dedicar inteiramente a Deus e ao Reino, com toda a alegria e com todas as energias, na abertura de mente e de coração, sendo místico e profeta ao mesmo tempo.

Ninguém está sozinho na vocação. O livro apresenta personagens da Bíblia que nos precederam, inspiram e encorajam a crescer na fé e a permanecer em Deus em todas as circunstâncias. Os profetas, os apóstolos e discípulos e a mãe de Jesus receberam na intimidade o chamado divino e, no processo de amadurecimento, libertaram-se das amarras, tornaram-se livres para o "sim" diário e perene ao Projeto de Deus.

E Jesus Cristo, como enviado do Pai – Deus do amor e da vida –, chama-nos a amar e a fazer o bem sem cessar. Ele, inteiramente fiel ao Reino do Pai, assumiu a plena condição humana, morreu na cruz para nos salvar e nos libertar de todos os nossos pecados. E assim como Cristo, o Religioso e a Religiosa são chamados a se tornarem inteiramente humanos, a sentirem o amor de Deus, amando-o de todo o coração, e a se dedicarem com alegria e leveza à missão.

Como homens e mulheres de Deus, na oração e na ação, vivendo em comunidade, somos chamados a deixar de lado o egoísmo, as maldades, as vaidades para sermos mais amorosos e fraternos. Como todo cristão, somos chamados a viver a santidade, ser sal e luz para o mundo, anunciar o amor, a justiça, a paz, a esperança, oferecer a Deus e ao mundo o que temos de melhor, seguindo os passos de Jesus.

Encerro esta apresentação com as palavras do Papa Francisco, citadas na Carta "Alegrai-vos": *"Ao chamar-te Deus te disse: 'Tu és importante para mim, eu te quero bem, conto contigo'"*. Jesus disse isso a cada um de nós! De lá nasce a alegria! A alegria do momento em que Jesus me olhou. Entender e sentir isso é o segredo da nossa alegria. Sentir-se amados por Deus, sentir que para Ele nós não somos números, mas pessoas; e sentir que é Ele que nos chama.

Irmã Maria Inês Vieira Ribeiro
Presidente Nacional da CRB

INTRODUÇÃO

endo passado pela experiência sugerida no primeiro livro *Despertando minha Vocação*, encontramo-nos agora diante do novo desafio sugerido por este livro que é: *Descobrindo minha Vocação*. O desafio está posto, não há o que temer porque o Senhor está conosco.

Nesta segunda etapa do Discernimento Vocacional, convidamos vocês, meu querido irmão e querida irmã, a estarem bem atentos para que através dos personagens bíblicos, que descobriram sua vocação, você possa dar um passo a mais para descobrir também sua vocação.

Ao pensar na Bíblia como um todo, sabemos que muitos são os personagens chamados por Deus para viverem uma vocação e ao mesmo tempo cumprirem uma missão nem sempre fácil. Selecionamos alguns deles para que você possa perceber que o chamado de Deus independe das capacidades ou da coragem das pessoas, mas da abertura que cada um dá à vontade de Deus, pois, se Ele chama, Ele capacita-nos para o serviço de seu Reino.

Através do caminho proposto neste livro acreditamos que você poderá discernir a vontade de Deus sobre sua vida e poderá verificar suas motivações mais profundas, favorecendo-o para que você também possa descobrir sua vocação.

Nesta segunda etapa, através deste subsídio, temos como objetivo ajudar para que cada pessoa possa: crescer no contato consigo mesmo, assumindo suas capacidades e limitações; reconhecer o chamado de Deus através das necessidades e clamores do povo; ver Maria como modelo de seguimento fiel a Jesus; fazer experiência da Leitura Orante da Palavra de Deus; intensificar o acompanhamento vocacional, para partilhar sua oração e anseios com mais frequência.

Cada capítulo deste livro pretende ajudar o vocacionado a fazer uma experiência de Deus, estabelecendo um diálogo com Ele que nos escolheu em Cristo, antes da Criação do mundo, para que sejamos santos e sem defeitos diante dele, no amor (cf. Ef 1,4). Há, também, uma preocupação em mostrar que quem sempre toma a iniciativa é Deus, que chama quem Ele quer, onde quer e como quer. Como sabemos e veremos constantemente neste livro, vocação é o encontro de duas liberdades: a de Deus que chama e a do ser humano que responde.

Este livro quer ajudar o vocacionado a encontrar-se consigo mesmo e com Deus, para assumir na sociedade e na Igreja seu lugar. Para cada pessoa, Deus tem um projeto de amor, tem uma missão, um lugar, uma vocação. À medida que cada pessoa procura realizar a vontade de Deus, torna-se feliz e favorece a felicidade de muitos irmãos e irmãs.

A sequência de cada capítulo é a mesma adotada nos capítulos do primeiro livro, ou primeira etapa, *Despertando minha Vocação*.

1 ORAÇÃO PESSOAL

REFLEXÃO

1 • REFLEXÃO

I. Texto

No décimo quinto capítulo de nosso primeiro livro de acompanhamento vocacional (*Despertando minha Vocação*), comentamos de uma forma geral sobre a importância da oração em nossa vida de cristãos. Se necessário, dê uma "espiada". Nesse momento do discernimento vocacional, a partir da reflexão que estamos fazendo, chamamos sua atenção para valorizar a vida de oração pessoal.

Abrimos nosso tema com a seguinte reflexão: para nós que vivemos em comunidade e participamos das orações comunitárias e celebrações comunitárias (cultos e eucaristias), se quisermos que elas sejam fecundas, é preciso que tenhamos uma vida de oração pessoal consistente. E aqui lembramos um ditado popular importante: "A boca fala daquilo que o coração está cheio". O terreno de nosso coração e de nossa mente precisa ser bem preparado, para participarmos com mais abertura e entusiasmo dos momentos comunitários e, assim, estarmos mais aptos para viver o que rezamos; a essa preparação chamamos de oração pessoal.

Colocarmo-nos em atitude de oração é uma demonstração de nosso amor a Deus. Deus sempre nos amou e sempre nos amará, pois ele é fiel e nunca nos abandona. Cabe a cada um ir ao encontro do Senhor, simplesmente porque o amamos, não porque sou obrigado a rezar ou porque tenho de cumprir um preceito. Quando rezamos só para cumprir preceitos, corremos o risco de não saborearmos a delícia da presença de Deus conosco.

Ao nos colocarmos diante de Deus é preciso querer ser íntimo dele, tendo a certeza de que Ele nos conhece desde o "ventre materno" e nos quer bem. É necessário que procuremos conhecer bem, também, nosso amado, pois ninguém ama o que não conhece. Quanto mais lermos e aprofundarmos no conhecimento da Bíblia, mais poderemos conhecê-lo.

À medida que conhecemos Deus, teremos mais condições de senti-lo em nós. A oração não deve ser apenas uma produção intelectual, mas é preciso utilizar o coração, pois Deus é amor. Ao sentirmos o amor, a bondade, a misericórdia de Deus para conosco, somos interpelados a sermos amorosos, justos, bondosos e misericordiosos com o próximo.

A oração pessoal autêntica exige de todos nós uma resposta, em nosso cotidiano, à vontade de Deus. O convite de Deus para nós, seus filhos e filhas, é que procuremos deixar de lado todo o nosso egoísmo, maldades, rancores, vaidades e nos esforcemos para ser mais amorosos e fraternos com nossos irmãos e irmãs, levando assim seu jeito de ser, através de nós, até as outras pessoas.

A disciplina e o tempo são dois aspectos fundamentais para quem deseja crescer em sua vida de oração pessoal. É preciso que nos organizemos para fazermos conquistas espirituais em nossa vida. Assim como para qualquer outra dimensão de nossa vida, se não nos colocarmos com disposição e não nos organizarmos para atingir objetivos, ficaremos só na "boa intenção" e não cresceremos.

De acordo com suas possibilidades, determine um tempo para sua oração, escolha um momento que lhe permita estar bem e com tranquilidade. Por mais que seu tempo seja corrido, devido ao trabalho, estudos, esportes etc., sempre você pode encontrar, pelo menos, uma meia hora para conversar com Deus. Procure ser fiel, em cada dia, a sua oração; sem isso haverá frustração.

A disciplina vai nos ajudar a colocar cada vez mais Deus no centro de nosso coração, pois nossa mente é cheia de dados, informações, preocupações e, por isso, podemos divagar em nossos momentos de oração pessoal. É preciso de humildade para reconhecer nossas dificuldades e limites, mas não podemos desanimar; peçamos perdão a Deus por nossa distração e retomemos nosso diálogo com Ele. Com certeza, Ele compreende-nos e ficará feliz com nosso esforço de sermos "um com Ele".

2. Bibliografia para aprofundamento do texto

2.1. KEARNS, Lourenço. *Oração cristã:* Caminho para a intimidade com Deus. Aparecida, Editora Santuário, 2008.
2.2. GRÜN, Anselm. *Oração e autoconhecimento.* Petrópolis, Ed. Vozes, 2004.

3. Questões para aprofundamento

3.1. Como tem sido sua oração pessoal? Você está feliz com seu jeito de rezar?
3.2. Você reza todos os dias? Qual o tempo de sua oração?
3.3. Você se distrai muito em sua oração? O que você tem feito para superar essa dificuldade?

4. Músicas

4.1. *Um coração para amar* (Pe. Zezinho, SCJ).

4.2. *Pelos prados e campinas* – Salmo 22 (Frei Frabeti).

4.3. *Amor e paz eu procurei* (Pe. Zezinho, SCJ).

4.4. Outros cânticos de acordo com o tema.

5. Atividade pessoal ou grupal

O silêncio me leva até Deus

Objetivo: Ajudar cada vocacionado a perceber que para fazermos uma boa oração pessoal não precisamos falar muito.

5.1. Fique inteiramente à vontade, procure ficar em uma postura confortável.

5.2. Feche os olhos e procure silenciar sua mente e seu coração.

5.3. Deixe Deus tomar conta de você. Confie nele, pois Ele é Amor, Misericórdia, Justiça e quer seu bem sempre (5 minutos).

5.4. Se você quiser, faça seu agradecimento a Deus e um propósito de vida.

5.5. Você é convidado a abrir os olhos e partilhar com os amigos e amigas essa sua experiência de oração pessoal, conquistas e dificuldades.

1. Orientações para a oração pessoal

1.1. Escolher um lugar para sua oração.
1.2. Determinar o horário e o tempo de sua oração.
1.3. Pedir a graça que deseja para esse momento de oração.
1.4. Ler e reler o texto com muita calma.
1.5. "Saborear" com o coração o que o marcou.
1.6. Concluir a oração, agradecendo ao Senhor este encontro.

2. Textos bíblicos para a oração pessoal (rezar um texto bíblico por dia)

2.1. Salmo 5 – Oração da manhã.
2.2. Jonas 2,1-11 – Oração de Jonas a Deus.
2.3. Lucas 11,5-13 – Confiança na oração.
2.4. João 14,12-14 – Jesus nos leva ao Pai.
2.5. Romanos 12,12 – Perseverança na oração.
2.6. Avaliação da oração pessoal durante a semana (sábado).
2.7. Domingo, participar na Paróquia ou na Comunidade.

3. Fazer a leitura orante de cada texto bíblico

3.1. O que diz o texto? O texto fala de quê...
3.2. O que o texto diz para mim hoje? Penso em que preciso mudar...
3.3. O que o texto me faz dizer a Deus? Rezo, louvo, agradeço...

1 | ORAÇÃO PESSOAL

3.4. O que o texto me leva a fazer? Faço silêncio... Escuto o que Deus me pede.

3.5. Desafio: pôr em prática o que Deus me pediu.

4. Anotar em seu caderno de oração, após cada texto bíblico, o que mais tocou seu coração

5. Compromisso de vida

5.1. Organizar um momento de oração pessoal, todos os dias.

5.2. Procure, cada dia, ler e meditar um salmo.

OBS.: Procure partilhar, de forma transparente e simples, com o acompanhante espiritual/vocacional os sentimentos, medos, dúvidas, receios, apegos..., pois isso o ajudará em seu discernimento vocacional.

"Aquele que na oração entrega-se a Deus e a sua presença de salvação, este se encontra a si mesmo, este se reconcilia inteiramente consigo, este há de ser salvo." (**Anselm Grün**, *Oração e autoconhecimento*, p. 73)

2 VOCAÇÃO CRISTÃ À SANTIDADE

I • REFLEXÃO

I. Texto

É Deus quem nos convida à santidade. Desde a formação do povo de Israel, Ele revelou sua vontade para com seus filhos e filhas (Lv 11,44-45). Deus estabeleceu uma aliança com seu povo e através de sua palavra, dos profetas e dos acontecimentos, foi instruindo-o para a santidade. No entanto, toda esta preparação em vista da santidade, já iniciada no Antigo Testamento, vamos encontrar em Jesus, a Boa-Nova do Pai, o Verbo de Deus no meio de nós. Todos os ensinamentos necessários para alcançarmos a graça da santificação.

A graça da santidade a partir de Jesus não é um privilégio só para os judeus, é uma graça para todos os filhos e filhas de Deus do mundo todo. Como São Pedro diz ao falar para seguidores de Jesus de todas as classes e nações: "Mas vós sois raça escolhida, sacerdócio régio, nação santa, povo conquistado por Deus para proclamar as maravilhas daquele que vos chamou das trevas para sua luz admirável. Antes não éreis um povo, mas agora sois o povo de Deus; estáveis excluídos da misericórdia, mas agora obtivestes misericórdia" (1Pd 2,9-10).

A pessoa para fazer parte desse povo precisa nascer de novo, ou seja, ser batizado "da água e no Espírito" (Jo 3,3-5), nascer pela fé em Nosso Senhor Jesus Cristo e pelo Batismo. Esse novo povo tem na pessoa de Jesus, Mestre e Senhor, o modelo maior de santidade, que deixou para todo o povo um novo mandamento: "Amai-vos uns aos outros como eu vos amei" (Jo 13,34).

A missão do cristão, que procura viver a santidade, é ser sal e luz do mundo (Mt 5,13-16), para que outras pessoas, principalmente aquelas que vivem a vida sem ânimo, sem sabor, nas trevas e distantes de Deus, possam através de sua vida e palavras entrar conosco na grande procissão que tem como fim o "Reino dos Céus".

Quando a pessoa procura seguir os passos de Jesus, com certeza, vive e alcança a santidade. Jesus Cristo, o ungido pelo Pai com o Espírito Santo, foi constituído como Sacerdote, Profeta e Rei; e cada batizado participa com Cristo dessas funções e deve assumir as responsabilidades missionárias no dia a dia. Como sacerdotes devemos cultivar a vida de oração pessoal e comunitária e sempre oferecer o que temos de melhor a Deus. Como profetas devemos ser anunciadores do amor, da justiça, da paz, da esperança, enfim, da vontade de Deus a todas as pessoas; e diante de determinadas realidades na sociedade, devemos denunciar toda e qualquer violência, maldade, injustiça e opressão que ferem tantos filhos de Deus em nosso mundo. Como reis, seguindo o exemplo de nosso Rei, Jesus Cristo, devemos estar sempre aptos para amar e servir às pessoas, principalmente aos mais necessitados.

Podemos ver que os primeiros cristãos procuravam viver a santidade em comunidade (At 2,42-47). A forma como eles viveram a fé é para todos nós um exemplo e serve de modelo para nós cristãos, pois à medida que vivemos a santidade em comunidade, ajudamos na santificação uns dos outros e toda a nossa Igreja se santifica também.

É importante que fique claro para todos nós que a graça da santificação é para todos os filhos de Deus, não é um privilégio para algumas pessoas, por causa de seu estado de vida ou vocação. A pessoa pode alcançar a graça da santidade sendo papa, bispo, padre, diácono, consagrado, solteiro, casado, viúvo, criança, adolescente, jovem, adulto e idoso. A constituição Dogmática *Lumen Gentium*, do Vaticano II, ao falar da Vocação Universal à Santidade da Igreja, apresenta os meios para obtermos a santificação: a caridade, leitura da Palavra de Deus, Eucaristia, oração, penitência e observância dos ensinamentos de Jesus.

Quando refletimos sobre a possibilidade de alcançarmos a santidade, parece algo distante de nós e que não é para nós, pobres pecadores. No entanto, pela graça de Deus e pelo esforço pessoal de cada um, utilizando os meios acima apresentados para obtermos a santificação, poderemos chegar lá. Muitos chegaram e estão junto de Jesus intercedendo por nós, outros também estão chegando, e você também chegará.

2. Bibliografia para aprofundamento do texto

2.1. CATECISMO DA IGREJA CATÓLICA. Petrópolis, Vozes, Petrópolis, 1993. n. 781 a 786.

2.2. COMPÊNDIO DO VATICANO II. Constituição Dogmática *Lumen Gentium*. Petrópolis, Vozes, 1987, n. 100 a 114.

3. Questões para aprofundamento

3.1. Qual santo você mais admira, por quê?

3.2. Quais são as principais dificuldades que um cristão encontra hoje para alcançar a graça da santificação?

3.3. O que está faltando para você viver uma vida santa?

2 | VOCAÇÃO CRISTÃ À SANTIDADE

4. Músicas

4.1. *Doce é sentir em meu coração* (Louvemos o Senhor).
4.2. *O espírito do Senhor* (Pe. José Weber).
4.3. *O Deus que me criou* (Zé Vicente).

5. Atividade pessoal ou grupal

A busca da santidade

Objetivo: Favorecer a reflexão: todos somos chamados à santidade apesar dos desafios a serem enfrentados.

5.1. Formar um círculo e pedir para que cada um escreva em uma folha três pontos, realidades que ajudam na santificação da pessoa.
5.2. Dar 5 a 10 minutos para essa atividade.
5.3. Após escreverem os pontos que ajudam na santificação, pedir para escreverem em outra folha três pontos ou realidades que atrapalham as pessoas a se santificarem nos dias de hoje.
5.4. Dar 5 a 10 minutos para essa atividade.
5.5. Assim que todos terminarem, pedir para partilharem o que ajuda na santificação e, à medida que cada pessoa terminar sua apresentação, orientá-la a colocar sobre um altar montado no chão a folha com a resposta.
5.6. Depois que todos apresentarem a primeira questão, pedir para que compartilhem os pontos que atrapalham a santificação e orientá-los a colocar a folha com as respostas em uma vasilha ao lado do altar.
5.7. Terminado o compartilhamento, pedir para alguém do grupo ir até a vasilha, com as folhas, para colocar fogo nelas.
5.8. Abrir espaço para que as pessoas possam falar sobre essa experiência.

1. Orientações para a oração pessoal

1.1. Escolher um lugar para sua oração.

1.2. Determinar o horário e o tempo de sua oração.

1.3. Pedir a graça que deseja para esse momento de oração.

1.4. Ler e reler o texto com muita calma.

1.5. "Saborear" com o coração o que o marcou.

1.6. Concluir a oração, agradecendo ao Senhor este encontro.

2. Textos bíblicos para a oração pessoal (rezar um texto bíblico por dia)

2.1. Romanos 1,1-7 – Santo por Vocação.

2.2. 1Pedro 1,13-16 – "Sede Santos, porque Eu sou Santo".

2.3. 1Coríntios 1,1-9 – Saudação e ação de graças.

2.4. Efésios 1,3-14 – Hino de louvor pela salvação.

2.5. Efésios 2,19-22 – Sois concidadãos dos santos.

2.6. Avaliação da oração pessoal durante a semana (sábado).

2.7. Domingo, participar na Paróquia ou na Comunidade.

3. Fazer a leitura orante de cada texto bíblico

3.1. O que diz o texto? O texto fala de quê...

3.2. O que o texto diz para mim hoje? Penso em que preciso mudar...

3.3. O que o texto me faz dizer a Deus? Rezo, louvo, agradeço...

3.4. O que o texto me leva a fazer? Faço silêncio... Escuto o que Deus me pede.

3.5. Desafio: pôr em prática o que Deus me pediu.

4. Anotar em seu caderno de oração, após cada texto bíblico, o que mais tocou seu coração

5. Compromisso de vida

5.1. Procure conhecer a vida do padroeiro de sua paróquia e os santos padroeiros das comunidades de sua paróquia.

5.2. Procure conversar com pessoas de sua família, de sua comunidade que, para você, são exemplos de santidade.

OBS.: Procure partilhar, de forma transparente e simples, com o acompanhante espiritual/vocacional os sentimentos, medos, dúvidas, receios, apegos..., pois isso o ajudará em seu discernimento vocacional.

"Com efeito, são filhos de Deus todos os que se deixam conduzir pelo Espírito de Deus." (Romanos 8,14)

3 DEUS CHAMA AO LONGO DA HISTÓRIA

I • REFLEXÃO

I. Texto

No Plano da Criação, quando Deus criou o universo com tudo o que nele existe e colocou-o sob a responsabilidade do homem e da mulher, o desejo do Criador era a felicidade da humanidade (Gn 1–2). No entanto a desobediência e a infidelidade à vontade de Deus, o que chamamos de pecado original, fizeram com que a humanidade vivesse na infelicidade, estruturando assim um mundo com violência, miséria, injustiças, descrença, abominações, maus-tratos com a natureza e com as pessoas (Gn 3–4). No entanto, mesmo diante da traição da humanidade, Deus não nos abandonou, sempre encontrou uma forma de nos ajudar a sair da situação de escravidão e do pecado, para uma vida de libertação, paz e felicidade (Gn 6–9).

Ao longo da história da salvação Deus contou com os patriarcas, os profetas, enfim, homens e mulheres que falavam e realizavam obras em seu nome para o povo. Uma vez que as pessoas, a comunidade, a nação, escutavam a voz do Senhor, convertiam-se e buscavam uma prática alicerçada no amor e na justiça, então a paz e a felicidade voltavam a reinar. A Bíblia, principalmente no Antigo Testamento, relata-nos muitos momentos em que o povo se distanciou de Deus. Por outro lado, as escrituras nos mostram, também, o chamado que Deus fez para que algumas pessoas, em seu nome, ajudassem as outras a voltarem para seu caminho, o caminho da Salvação.

Deus chamou Abraão para deixar as terras de Ur e formar uma nação santa (Gn 12–25). Nesse contexto de organização do povo de Deus, destacamos a importância de Isaac, filho de Abraão, e Sara, que soube cuidar bem do povo do Senhor (G 25–26); e Jacó, filho mais novo de Isaac, cujo nome deu origem à nação do Senhor: "Israel". De Jacó formou-se as Doze Tribos de Israel, estruturando a vida da nação até a época em que, diante da grande escassez dos alimentos em suas terras, se viram obrigados a ir para o Egito, para sobreviverem, e por lá ficaram por muitos e muitos anos (Gn 27–50). E quando o povo hebreu estava passando por dura escravidão, imposta pelo Faraó, Deus chama Moisés para libertar seu povo e guiá-lo para a terra prometida para viver em paz (Êx, Lv, Nm e Dt).

Assim que o povo de Deus chegou à "Terra Prometida", Deus continuou chamando pessoas para cuidarem de seu povo, sacerdotes, juízes, profetas, para que a nação mantivesse a fé e procurasse realizar a vontade de Deus, principalmente as obras de caridade. Um dos profetas do Senhor, em boa parte de seu livro, fala sobre a vinda do Messias, do Servo Sofredor, daquele que viria para salvar toda a nação de Israel. Estamos falando de Isaías. Vale a pena ler esse livro.

Antes mesmo do Filho amado do Pai armar sua tenda em nosso meio, tivemos a atuação do último dos grandes profetas, João Batista, que foi chamado para preparar os caminhos do Senhor (Lc 1,5-25.39-80; 3,1-22; 7,18-30). Para que a História da Salvação se consolidasse, Deus, nosso Pai, enviou para nós seu próprio Filho, Jesus Cristo. No entanto, para que nascesse em nosso meio chamou uma Virgem da cidade de Nazaré, chamada Maria, para ser a mãe do Salvador da humanidade. Maria aberta à vontade de Deus e a seu plano de salvação disse: "Eis aqui a vossa serva, faça-se em mim segundo a vossa vontade" (Lc 1,26-38).

Com a vinda de Jesus, renascera a Esperança e a vida no mundo e no coração da humanidade. E Jesus, através dos quatro Evangelhos, chama pessoas do meio do povo para serem seus discípulos e missionários, para batizarem em nome do Pai, do Filho e do Espírito Santo e para anunciarem a boa-nova do Reino às nações. E assim, os discípulos de Jesus, principalmente, após a ressurreição do Senhor, anunciaram e testemunharam Jesus Cristo e a boa-nova do Reino para todos. Além disso, eles foram formando outras pessoas, que também se tornaram discípulos de Jesus Cristo e continuadores das obras do Senhor (ver At).

Durante os dois mil anos em nossa Igreja Católica, formada por Jesus Cristo, iluminada pelo Espírito Santo, continuada pelos apóstolos e pelos batizados, sempre houve o chamado de pessoas para assumir, com verdadeiro ardor missionário, o trabalho da Evangelização. Ao olharmos para os Apóstolos, para as primeiras comunidades cristãs, para os testemunhos dos mártires cristãos, para os santos, para os fundadores de Congregações Religiosas e Institutos Seculares, e tantos outros movimentos e pastorais que animaram e animam a vida do povo de Deus, vemos o quanto Deus agiu no meio de nós, através desses filhos e filhas que disseram sim a seu chamado.

Hoje, também, Deus continua chamando pessoas para anunciarem sua palavra e para darem testemunho de seu amor para outras pessoas. É preciso que estejamos sempre atentos ao chamado do Senhor. Os bispos da América Latina e Caribe, reunidos no ano de 2007 em Aparecida, São Paulo, Brasil, elaboraram o Documento de Aparecida nos convocando para "Sermos Discípulos e Missionários de Jesus Cristo"; e o Papa Francisco, na Exortação Apostólica *Evangelii Gaudium* (A Alegria do Evangelho), convida-nos para que possamos, como cristãos que somos, anunciar com amor, entusiasmo e alegria o Evangelho de Jesus Cristo. Ao sentir o chamado de Deus, diga como Samuel: "Aqui Estou!" (1Sm 3,16).

"Ide pelo mundo inteiro e proclamai o Evangelho a toda criatura!" (Marcos 16,15)

2. Bibliografia para aprofundamento do texto

2.1. CELAM – DOCUMENTO DE APARECIDA. São Paulo, Edições CNBB, Paulus, Paulinas, 2007.

2.2. PAPA FRANCISCO. *Exortação Apostólica "Evangelii Gaudium"*. Paulinas, São Paulo, 2013.

2.3. TRIGO, Pedro. *Criação e história*. Petrópolis, Vozes, 1988.

3. Questões para aprofundamento

3.1. As pessoas que Deus chamava no Antigo Testamento tinham mais ou menos dificuldades para atender ao chamado de Deus, em vista do anúncio de sua palavra ao povo? Por quê?

3.2. Em sua opinião, quais foram as principais dificuldades que os discípulos encontraram para atender ao chamado de Jesus?

3.3. Nos dias de hoje, o que dificulta ao cristão dizer sim ao chamado de Deus?

4. Músicas

4.1. Ó *Senhor, nós estamos aqui* (Frei Turra).

4.2. *Vamos caminhando lado a lado* (Ir. Miriam Kolling).

4.3. *Ó Pai somos nós o povo eleito, que Cristo veio reunir* (Pe. José Freitas Campos).

4.4. *Quando chamaste* (José Santana).

4.5. *Deus chama a gente/momento novo* (Ernesto Barros Cardoso).

5. Atividade pessoal ou grupal

O chamado de Deus

Objetivo: Favorecer o vocacionado a vivenciar a experiência do chamado que alguns personagens bíblicos viveram.

5.1. Em círculo apresentar três passagens bíblicas que mostram Deus chamando as pessoas para fazerem sua vontade.

5.2. Formar três grupos aleatoriamente. Entregar uma passagem para cada grupo. Orientar os grupos para lerem bem o texto, meditá-lo e, de forma criativa, cada grupo deverá montar um esquete (pequena encenação) sobre o texto refletido e meditado. Cada grupo terá meia hora para preparar a apresentação.

5.3. O grupo 1 apresentará o chamado de Moisés (Êx 3,1-15).

5.4. O grupo 2 apresentará o chamando de Maria (Lc 1,26-38).

5.5. O grupo 3 apresentará o chamado dos apóstolos (Mt 4,18-22).

5.6. Cada grupo deverá fazer sua apresentação.

5.7. Compartilhar o que chamou a atenção nas apresentações.

1. Orientações para a oração pessoal

1.1. Escolher um lugar para sua oração.

1.2. Determinar o horário e o tempo de sua oração.

1.3. Pedir a graça que deseja para esse momento de oração.

1.4. Ler e reler o texto com muita calma.

1.5. "Saborear" com o coração o que o marcou.

1.6. Concluir a oração, agradecendo ao Senhor este encontro.

2. Textos bíblicos para a oração pessoal (rezar um texto bíblico por dia)

2.1. Samuel 3,1-21 – Deus chama Samuel.

2.2. Isaías 43,1-7 – Deus chama pelo nome.

2.3. Jeremias 1,4 -10 – Deus chama Jeremias.

2.4. Marcos 1,16 -20 – Jesus chama os discípulos.

2.5. Romanos 8,28-30 – Deus nos chama para sermos imagens de seu Filho.

2.6. Avaliação da oração pessoal durante a semana (sábado).

2.7. Domingo, participar na Paróquia ou na Comunidade.

3. Fazer a leitura orante de cada texto bíblico

3.1. O que diz o texto? O texto fala de quê...

3.2. O que o texto diz para mim hoje? Penso em que preciso mudar...

3.3. O que o texto me faz dizer a Deus? Rezo, louvo, agradeço...

3.4. O que o texto me leva a fazer? Faço silêncio... Escuto o que Deus me pede.

3.5. Desafio: pôr em prática o que Deus me pediu.

4. Anotar em seu caderno de oração, após cada texto bíblico, o que mais tocou seu coração

5. Compromisso de vida

5.1. Assistir a um filme bíblico sobre Moisés, a Virgem Maria, São Paulo ou outros que mostram o chamado de Deus.

5.2. Tente perceber qual o chamado que Deus está fazendo para você servir na comunidade.

OBS.: Procure partilhar, de forma transparente e simples, com o acompanhante espiritual/vocacional os sentimentos, medos, dúvidas, receios, apegos..., pois isso o ajudará em seu discernimento vocacional.

"Deus nos chama para um momento novo, para caminhar junto com seu povo. É hora de transformar o que não dá mais; sozinho, isolado, ninguém é capaz!"

4 A VOCAÇÃO DE ABRAÃO

I • REFLEXÃO

I. Texto

Como anunciamos no capítulo anterior, Deus ao longo da história da humanidade sempre chamou pessoas para deixar claro para seu povo qual é sua vontade. A partir da história do chamado de Abraão e de sua vocação, veremos uma série de outros personagens bíblicos que foram chamados e colocaram-se à disposição do Senhor. Ao refletir a vida desses vocacionados, desejamos que você possa refletir sobre o chamado que Deus faz para você nos dias de hoje.

A história vocacional de Abraão encontramos no livro do Gênesis entre os capítulos 12 a 25,18. Deus convida Abraão para sair de sua terra em Ur, sua casa, suas tradições, seus costumes religiosos, e ir para uma terra que Ele iria mostrar. Foi prometido para Abraão que uma nova e grande nação seria formada e abençoada, a partir dele e de sua esposa Sarai. Uma grande responsabilidade foi concedida para esse patriarca: "Em ti serão abençoadas todas as famílias da terra" (Gn 12,3).

Quando Abraão ouviu o chamado do Senhor, já tinha 75 anos, homem maduro e experiente. No entanto, não teve dúvidas, no ano de 1850 a.C., colocou-se a caminho em direção a Canaã, terra prometida a sua descendência. Com ele foram sua esposa Sarai, que era estéril, seu sobrinho Ló e vários escravos. Confiando plenamente nas palavras do Senhor, Abraão orientou sua vida e sua vocação. Muitas provações e dificuldades teve de enfrentar, mas sua fé e sua confiança em Deus o mantiveram firme e forte no objetivo de formar uma nação santa. Deus foi realizando muitas obras na vida de Abrão e Sarai. Um dos grandes acontecimentos foi o milagre da concepção de Sarai, pois além de estéril, ela já tinha idade avançada. Mas Ele disse: "Olha para o céu e conta as estrelas, se fores capaz ... Assim será tua descendência" (Gn 15,5). Abraão acreditou no Senhor, e da união entre ele e Sarai nasceu Isaac, o filho da promessa. E assim a vontade de Deus tomou conta da vida de Abraão, dando início à formação do povo de Israel, o povo de Deus.

A fé e a confiança de Abraão eram tão grandes que, mesmo diante de situações de dores e sofrimentos, não abandonou a vontade do Senhor. Como no dia em que Deus pediu para que sacrificasse seu próprio filho no alto de uma montanha. Na hora em que ele ia sacrificar Isaac, Deus interveio e disse que não precisava sacrificar mais seu filho, pois ele provou sua fé ao extremo (Gn 22,1-19). Nessa passagem aprendemos também que Nosso Deus é o Senhor da vida e não da morte, e grande foi a alegria de Abraão que continuou fiel a Ele.

2. Bibliografia para aprofundamento do texto

2.1. BÍBLIA SAGRADA DE APARECIDA. Aparecida, Editora Santuário, 2006, p. 28-45.

2.2. VVAA. *Guia para ler a Bíblia*. São Paulo, Paulus, 1997, p. 31-32.

2.3. HARRINGTON, Wilfrid J. *Chave para a Bíblia.* São Paulo, Paulus, 1985, p. 81-82.

2.4. SANTOS, Bento S. *Experiência de Deus no Antigo Testamento.* Aparecida, Editora Santuário, 1996, p. 13-38.

2.5. TONUCCI, Paulo. *O povo e a Bíblia* – história sagrada. São Paulo, Paulinas, 1983, p. 39-46.

3. Questões para aprofundamento

3.1. Em sua opinião o que levou Abraão a deixar tudo e ir para um lugar desconhecido para formar uma nova Nação?

3.2. Das dificuldades encontradas por Abraão, para viver sua vocação, qual marcou mais você? Por quê?

3.3. Você conhece alguém nos dias de hoje que demonstra tanta fé como Abraão? Escreva parte da vida dessa pessoa.

3.4. Você se vê como uma pessoa de fé? Como você tem demonstrado sua fé?

4. Músicas

4.1. *Sai da tua terra e vai* (Movimento Focolare).

4.2. *Minha alegria* (Pe. Sílvio Milanez).

4.3. *Me chamaste para caminhar* (Alfred Mercica).

4.4. *Ó Pai, somos nós o povo eleito* (José Freitas Campos).

5. Atividade pessoal ou grupal

O chamado de Deus

Objetivo: Mostrar para as pessoas que ao assumir o chamado de Deus poderemos enfrentar situações serenas e tranquilas, bem como situações difíceis e exigentes.

5.1. Pedir para o grupo ficar em círculo e caminhar pela sala.

5.2. Na caminhada viram algo muito engraçado (pedir para todos pararem e darem bastante risada).

5.3. Em seguida, orientar o grupo para continuar a andar e dizer que apareceu algo que deixou o grupo muito preocupado (pedir para o grupo parar e mostrar através do rosto um ar de preocupação).

5.4. Pedir para o grupo continuar caminhando e em seguida dizer que apareceu algo que deixou o grupo muito triste (todos devem chorar).

5.5. Orientar o grupo a caminhar mais um pouco e depois sentar-se para partilhar.

5.6. Na partilha, pedir para as pessoas falarem como foi para cada uma fazer essas expressões.

5.7. Perguntar para o grupo o que essa dinâmica tem a ver com a vocação de Abraão.

5.8. Mostrar a todos que na vocação que formos escolher poderemos também nos deparar com momentos alegres, preocupantes e tristes. Cabe a cada um não desanimar, pois Deus está sempre conosco e com Ele venceremos.

1. Orientações para a oração pessoal

1.1. Escolher um lugar para sua oração.

1.2. Determinar o horário e o tempo de sua oração.

1.3. Pedir a graça que deseja para esse momento de oração.

1.4. Ler e reler o texto com muita calma.

1.5. "Saborear" com o coração o que o marcou.

1.6. Concluir a oração, agradecendo ao Senhor este encontro.

2. Textos bíblicos para a oração pessoal (rezar um texto bíblico por dia)

2.1. Gênesis 12,1-9 – Vocação de Abraão.

2.2. Gênesis 15,1-6 – Promessa de Deus a Abraão.

2.3. Gênesis 21,1-7 – Nascimento do Filho Prometido.

2.4. Gênesis 22,1-19 – Sacrifício de Isaac.

2.5. Gênesis 25,5-11 – Os últimos anos de Abraão.

2.6. Avaliação da oração pessoal durante a semana (sábado).

2.7. Domingo, participar na Paróquia ou na Comunidade.

3. Fazer a leitura orante de cada texto bíblico

3.1. O que diz o texto? O texto fala de quê...

3.2. O que o texto diz para mim hoje? Penso em que preciso mudar...

3.3. O que o texto me faz dizer a Deus? Rezo, louvo, agradeço...

4 | A VOCAÇÃO DE ABRAÃO

3.4. O que o texto me leva a fazer? Faço silêncio... Escuto o que Deus me pede.

3.5. Desafio: pôr em prática o que Deus me pediu.

4. Anotar em seu caderno de oração, após cada texto bíblico, o que mais tocou seu coração

5. Compromisso de vida

5.1. Procure entrar em contato com uma pessoa de sua comunidade, que veio de um outro Estado do Brasil. Converse com ela e pergunte o que a levou a sair de sua terra e como está se sentindo nas novas terras.

5.2. Em sua meditação pessoal procure identificar o que existe de comum e de diferente entre a história dessa pessoa e a vida e história de Abraão.

OBS.: Procure partilhar, de forma transparente e simples, com o acompanhante espiritual/vocacional os sentimentos, medos, dúvidas, receios, apegos..., pois isso o ajudará em seu discernimento vocacional.

"Eu sou o Senhor onipotente: anda em minha presença e sê perfeito" (Gênesis 17,1).

5 A VOCAÇÃO DE MOISÉS

I • REFLEXÃO

I. Texto

Moisés é para nós um personagem bíblico muito conhecido e querido. A história de sua vida nos faz perceber o quanto Deus favorece a cada um de nós e o quanto Ele procura favorecer seu povo.

Sabemos que Moisés nasceu no Egito, em um período em que o faraó, rei dos egípcios, escravizou o povo hebreu através de trabalhos forçados a fim de dominá-lo, pois crescia cada vez mais em número. Uma das medidas que faraó encontrou para conter o avanço do povo hebreu foi uma lei estabelecida por ele para que as parteiras matassem os recém-nascidos, no entanto, elas não acataram a lei, com medo de serem castigadas pela divindade. Então o faraó enviou soldados para matarem os meninos, filhos dos hebreus. Diante dessa perseguição, um casal hebreu colocou seu pequeno filho em um cesto no rio e as águas levaram o menino até a filha do faraó que pegou a criança e o criou. Deu-lhe o nome de Moisés, que significa aquele que foi tirado das águas (cf. Êx 1,8–2,10). Moisés, portanto, ficou no convívio com a família do faraó até sua juventude.

Moisés acompanhava a vida da sociedade egípcia e percebeu que havia muita perseguição dos soldados em relação ao povo hebreu e isso o deixava entristecido. Certo dia, ao ver um soldado maltratando um hebreu, por impulso, dirigiu-se ao soldado e o matou. Com medo de vingança, por parte do faraó, ele fugiu para Madiã e lá conheceu Jetro, que era sacerdote e cuidava de um rebanho. Moisés acabou se casando com a filha de Jetro e começou a cuidar do rebanho também (Êx 2,11-22).

Mas o povo hebreu estava no Egito sofrendo com a escravidão e clamava a Deus que viesse em seu socorro. Deus ouviu o clamor do povo hebreu e chamou Moisés para libertar seu povo da escravidão do Egito. Um dia, enquanto Moisés pastoreava em Horeb, que significa montanha de Deus, aconteceu o chamado divino a Moisés. Deus se comunica com Moisés através da Sarça Ardente. Ele se apresenta a Moisés dizendo que é o Deus de teu pai, de Abraão, de Isaac, e o Deus de Jacó, chamando-o para essa missão de libertar seu povo do Egito (Êx 2,23–4,17).

Moisés apresenta uma série de dificuldades para não assumir a missão, dando a nítida impressão de que estava com medo. No entanto, para cada evasiva de Moisés, Deus sempre lhe apresentava uma solução, até que ele acolheu o chamado do Senhor e se dispôs a ir para o Egito, contando com a aprovação de seu sogro e com a ajuda incondicional de seu irmão Aarão (Êx 4,18-28).

Moisés organizou o povo de Deus para sair do Egito, conversou com o Faraó para permitir a saída do povo. No entanto, foi negado o pedido e colocava pesos ainda maiores nas costas do povo. Em vista de sua missão, Moisés fez vários contatos com o Faraó e este continuava resistente. Muitas pragas foram enviadas para o faraó e seu povo, no entanto, nada o fazia mudar de opinião. Até que veio a décima praga: a morte de todo primogênito dos egípcios. Diante de tanto temor, o faraó e suas lideranças permitiram a saída do povo de Deus, que se pôs a caminho da terra prometida. No entanto, o orgulho ferido do faraó fez com que montasse um forte exército para trazer de volta os hebreus, mas Deus mais uma vez agiu a favor de seu povo, pois o povo passou o Mar Vermelho a pé enxuto e, quando o exército do faraó entrou nas águas, o mar se fechou e todo o exército, cavalos e cavaleiros, morreu afogado (Êx 4,29–15,21).

Moisés caminhou com o povo de Deus, pelo deserto, por quarenta anos. Tempo de conversão, organização e profunda experiência de Deus. Nessa caminhada Moisés, o chamado de Deus, sempre procurou orientar o povo a ter ânimo, fé e esperança para não desanimar em meio às dificuldades. O povo passou por muitas provações, no entanto, Deus sempre esteve a seu lado protegendo e abençoando-o. Durante a caminhada rumo à terra prometida, o povo ficou conhecendo os Dez Mandamentos, uma grande novidade para sua vida, seus costumes, sua prática religiosa e santificação (Êx 15,22-27; 16–40; Lv, Nm, Dt).

Moisés cumpriu sua missão de tirar o povo hebreu do Egito, no entanto, não entrou na terra prometida, Canaã. Essa responsabilidade coube a Josué a quem Moisés havia imposto as mãos e o povo acolheu a coordenação do novo líder (Dt 34,1-12).

2. Bibliografia para aprofundamento do texto

2.1. BÍBLIA SAGRADA DE APARECIDA. Aparecida, Editora Santuário, 2006, p.82-281.

2.2. VVAA – *Guia para ler a Bíblia*. São Paulo, Paulus, 1997, p. 32-37.

2.3. SANTOS, Bento S. *Experiência de Deus no Antigo Testamento*. Aparecida, Editora Santuário, 1996, p. 13-38.

2.4. TONUCCI, Paulo. *O povo e a Bíblia* – história sagrada. São Paulo, Paulinas, 1983, p. 58-79.

3. Questões para aprofundamento

3.1. Qual a importância de Moisés na história do povo de Deus?

3.2. Na história da vida de Moisés o que mais chama sua atenção? Por quê?

3.3. Moisés relutou muito para atender ao chamado de Deus. Por que tanta relutância? Como Deus foi ajudando-o a dar seu sim?

3.4. Procure comparar a frase: "Deus não chama os capacitados, mas capacita aquele que chama!" com a vida de Moisés.

3.5. Quais são os maiores problemas que o povo de Deus enfrenta nos dias de hoje? O que pode ser feito para superá-los?

3.6. Você sente-se chamado por Deus a colaborar com a superação desses problemas? Você tem disposição para atender ao chamado de Deus?

4. Músicas

4.1. *O povo de Deus no deserto andava* (Nely Silva Barros).

4.2. *Senhor, vem salvar teu povo* (Pe. José Weber).

4.3. *Javé, o Deus dos pobres* (Frei Fabreti).

4.4. *Ao Senhor dos Senhores* (Pe. João Carlos Ribeiro).

5. Atividade pessoal ou grupal

Os dez mandamentos

Objetivo: Ajudar o vocacionado a conhecer, aprofundar e refletir sobre as leis de Deus.

5.1. Lembrar a todos que coube a Moisés organizar o povo de Deus; e uma forma de fazer com que o povo vivesse conforme a vontade do Senhor foi implementar os 10 dez mandamentos ou a "Tábua das Leis", dada por Deus a Moisés.

5.2. Dizer ao grupo, na sequência conhecida, os dez mandamentos da Lei de Deus.

5.3. Distribuir para cada pessoa, de forma aleatória, um ou dois mandamentos, em pequenos papéis.

5.4. Orientar as pessoas a refletirem individualmente, ou de dois em dois, sobre a importância daquele mandamento para a vida do povo: Em que ajudaria a caminhada desse povo esse mandamento? Como o povo de Deus vivia antes desse mandamento ser instituído?

5.5. Compartilhar com todos os membros do grupo a reflexão feita sobre o mandamento.

5.6. Qual a importância dos mandamentos para nós, hoje? Pedir para todos partilharem.

1. Orientações para a oração pessoal

1.1. Escolher um lugar para sua oração.
1.2. Determinar o horário e o tempo de sua oração.
1.3. Pedir a graça que deseja para esse momento de oração.
1.4. Ler e reler o texto com muita calma.
1.5. "Saborear" com o coração o que o marcou.
1.6. Concluir a oração, agradecendo ao Senhor este encontro.

2. Textos bíblicos para a oração pessoal (rezar um texto bíblico por dia)

2.1. Êxodo 2,23-25 – Pano de fundo da Vocação de Moisés.
2.2. Êxodo 3,1-12 – Deus chama Moisés para uma Missão.
2.3. Êxodo 4,27-31 – Moisés diante do povo.
2.4. Êxodo 5,1-23 – As dificuldades da Missão.
2.5. Deuteronômio 31,1-8 – Josué continua a missão de Moisés.
2.6. Avaliação da oração pessoal durante a semana (sábado).
2.7. Domingo, participar na Paróquia ou na Comunidade.

3. Fazer a leitura orante de cada texto bíblico

3.1. O que diz o texto? O texto fala de quê...
3.2. O que o texto diz para mim hoje? Penso em que preciso mudar...

3.3. O que o texto me faz dizer a Deus? Rezo, louvo, agradeço...

3.4. O que o texto me leva a fazer? Faço silêncio... Escuto o que Deus me pede.

3.5. Desafio: pôr em prática o que Deus me pediu.

4. Anotar em seu caderno de oração, após cada texto bíblico, o que mais tocou seu coração

5. Compromisso de vida

5.1. Procure ler todos os capítulos do livro do Êxodo.

5.2. Em suas orações diárias, peça ao Senhor que continue protegendo e abençoando seu povo sofrido e a graça de ter sempre pessoas, assim como Moisés, que se preocupam com a libertação e salvação de seu povo.

OBS.: Procure partilhar, de forma transparente e simples, com o acompanhante espiritual/vocacional os sentimentos, medos, dúvidas, receios, apegos..., pois isso o ajudará em seu discernimento vocacional.

"Deus não chama os capacitados, mas capacita quem Ele chama!"

6 A VOCAÇÃO DE SAMUEL

I. REFLEXÃO

I. Texto

Samuel nasceu no final do período em que os Juízes é que governavam Israel, nas proximidades do ano 1050 a.C. Ele era um filho da promessa, pois sua mãe Ana era estéril e em uma de suas viagens, com seu marido Elcana, para Silo, aonde todo ano iam para oferecer Sacrifícios para Javé, ela pediu a graça de ter um filho e, se Deus a ouvisse, consagraria a criança para os serviços do Senhor. Deus ouviu suas preces e nasceu Samuel que, assim que desmamou, foi levado para o Santuário em Silo, apresentado a Eli, o sacerdote do Templo, onde estava a Arca da Aliança. Seus pais o deixaram no Templo e Eli acabou de criá-lo. No Templo, Samuel adorava o Senhor e procurava seguir as orientações de Eli (1Sm 1,1-28).

Eli tinha dois filhos sacerdotes que trabalhavam no Templo, chamavam-se Hofni e Fineias. Os dois davam mal exemplo para o povo, pois abusavam das mulheres e tiravam proveito das oferendas do povo. Diante de tal situação, Deus precisava de alguém que pudesse assumir essa missão com dignidade e coerência. Então Samuel é para os serviços de Deus (1Sm 2,12-36).

Certa noite, quando Eli já havia dormindo, Samuel deitou-se também, como era de costume. Javé chamou Samuel, mas ele pensou que era Eli que o tinha chamado, levantou-se e foi em direção a ele. Eli, no entanto, disse para o menino que não o tinha chamado e que era para voltar para a cama e dormir, e assim ele fez. Tal chamado aconteceu por mais duas vezes e as duas vezes ele foi até Eli, e na terceira vez disse para Samuel responder: "Falai, Javé, que vosso servo escuta". E assim aconteceu e Deus falou com ele. Samuel cresceu, e Deus estava sempre com ele, não deixando cair em vão suas palavras. Samuel falava com autoridade. Todo o povo de Israel reconheceu que ele havia sido constituído profeta de Javé e que falava em nome dele (1Sm 3,1-21).

Depois de Eli, Samuel foi o último juiz de Israel. Até ouve uma tentativa de seus filhos assumirem o posto de juízes, no entanto, Joel e Abias se corromperam e não puderam exercer tal função. A partir disso, o povo pede para Samuel nomear um rei para governar Israel, como já acontecia em outras nações. Mesmo Samuel sendo contra essa vontade popular, pois sabia que a monarquia seria um sistema de governo que poderia oprimir o povo, acabou atendendo a reivindicação, mas disse aos líderes populares que todo o povo iria sofrer com essa escolha; e, assim, estabeleceu-se a monarquia em Israel, tendo como primeiro rei de Israel Saul (1Sm 7–10).

2. Bibliografia para aprofundamento do texto

2.1. BÍBLIA SAGRADA DE APARECIDA. Aparecida. Editora Santuário, 2006, p. 352-365.

2.2. HARRINGTON, Wilfrid J. *Chave para a Bíblia*. São Paulo, Paulus, 1985, p. 96-99.

2.3. TONUCCI, Paulo. *O povo e a Bíblia* – história sagrada. São Paulo, Paulinas, 1983, p. 106-108.

3. Questões para aprofundamento

3.1. Como você vê a vocação de Samuel?

3.2. É possível, nos dias de hoje, alguém ser chamado como Samuel foi chamado? Você conhece alguém que tenha uma história parecida com a dele?

3.3. O que mais lhe impressionou na vocação de Samuel?

3.4. Qual o aprendizado que você carrega com você, a partir da vida de Samuel?

4. Músicas

4.1. *Um dia escutei teu chamado* (José A. Santana).

4.2. *Eis me aqui, Senhor* (D. Pedro Brito Guimarães e Frei Fabreti).

4.3. *Senhor, se tu me chamas* (Frei Luiz Carlos Susin).

5. Atividade pessoal ou grupal

Pessoas importantes

Objetivo: Favorecer o vocacionado a refletir sobre a importância das pessoas em nossa caminhada de discernimento vocacional.

5.1. Formar um círculo e pedir para que cada pessoa pense em três pessoas que foram e são muito importantes em sua vida e por que elas foram e são significativas. Dar cinco minutos para cada pessoa pensar.

5.2. Pedir para cada participante falar o nome dessas três pessoas e quem são elas.

5.3. Orientar as pessoas para escolherem uma das três pessoas e falar para o grupo sobre a importância dela em sua vida.

5.4. Concluir a dinâmica falando sobre a vida de Samuel e sua vocação. O quanto sua mãe e o profeta Eli foram importantes para ele. Assim como Samuel, nós também temos pessoas que nos ajudam em nosso discernimento vocacional.

1. Orientações para a oração pessoal

1.1. Escolher um lugar para sua oração.
1.2. Determinar o horário e o tempo de sua oração.
1.3. Pedir a graça que deseja para esse momento de oração.
1.4. Ler e reler o texto com muita calma.
1.5. "Saborear" com o coração o que o marcou.
1.6. Concluir a oração, agradecendo ao Senhor este encontro.

2. Textos bíblicos para a oração pessoal (rezar um texto bíblico por dia)

2.1. 1Samuel 1,19-28 – Nascimento e consagração de Samuel.
2.2. 1Samuel 2,18-21 – Samuel serve a Javé no templo.
2.3. 1Samuel 3,1-21 – A vocação de Samuel.
2.4. 1Samuel 7,1-6; 9,26–10,1 – Samuel em Missão.
2.5. 1Samuel 15,1-45 – Os desafios da Missão.
2.6. Avaliação da oração pessoal durante a semana (sábado).
2.7. Domingo, participar na Paróquia ou na Comunidade.

3. Fazer a leitura orante de cada texto bíblico

3.1. O que diz o texto? O texto fala de quê...
3.2. O que o texto diz para mim hoje? Penso em que preciso mudar...

3.3. O que o texto me faz dizer a Deus? Rezo, louvo, agradeço...

3.4. O que o texto me leva a fazer? Faço silêncio... Escuto o que Deus me pede.

3.5. Desafio: pôr em prática o que Deus me pediu.

4. Anotar em seu caderno de oração, após cada texto bíblico, o que mais tocou seu coração

5. Compromisso de vida

5.1. Você é um dom de Deus em sua família. Seja testemunha do amor de Deus para seus pais e irmãos amando-os. Demonstre seu amor de forma concreta.

5.2. Procure conversar com as pessoas que você acredita que são importantes para você e diga isso para elas: "Você é muito importante para mim". E depois você pode dar um abraço nessa pessoa.

OBS.: Procure partilhar, de forma transparente e simples, com o acompanhante espiritual/vocacional os sentimentos, medos, dúvidas, receios, apegos..., pois isso o ajudará em seu discernimento vocacional.

"Falai Javé, que vosso servo escuta!" (1 Samuel 3,10)

7 A VOCAÇÃO DE ISAÍAS

I • REFLEXÃO

I. Texto

O nome Isaías significa "Deus Salva". Ele era um israelita, de família nobre, e nasceu, provavelmente, no ano 770 a.C., em Jerusalém.

O profeta Isaías destaca-se em um período bastante difícil para a nação de Israel, pois duas potências da época, Assíria e o Egito, estavam em luta para aumentar seus domínios, suas terras. Israel e Judá ficavam entre as duas potências e constantemente sofriam investidas desses conquistadores. É importante destacar que a infiltração estrangeira não refletia só na parte política do país, mas também na parte religiosa, influenciando, assim, os reis e o povo a deixarem de adorar o verdadeiro Deus.

Diante dessa situação, nos primeiros trinta e nove capítulos do livro de Isaías, percebemos que ele é chamado, por Deus, a ser um porta-voz dele no meio de seu povo. Isaías, no Templo, tem uma visão do Deus três vezes santo, e esta visão vai influenciar sua mensagem. Deus o envia para o meio do povo para anunciar a Israel e a Judá que serão destruídos pelos inimigos por terem demostrado muita infidelidade a Ele, o Deus único e verdadeiro. Isaías pode acompanhar, ao longo de seu ministério, a crescente ameaça assíria ao povo de Deus, a queda de Samaria e do reino do norte, em 721 a.c.

As mensagens proféticas de Isaías eram contrárias às alianças com as potências da época, afirmam à nação de Israel que só a fé em Deus e a fidelidade à aliança podem salvá-la. Ele proclama que a santidade de Deus vai além do culto, pois exige o respeito ao direito dos mais fracos e pobres, e, assim, ele condena toda hipocrisia no culto e na vida. Anuncia a ruína do reino como um castigo pela prática da corrupção e da idolatria.

No entanto, é desse povo pecador que germinará um povo santo, fiel a Deus. A esperança está sempre no ar. É com esperança que Isaías anuncia, também, o nascimento do Emanuel, rei messiânico, líder do povo, portador da justiça e da paz de Javé, o libertador. Para nós cristãos o Emanuel profetizado por Isaías é Jesus Cristo.

Na segunda parte do livro, que vai do capítulo quarenta ao cinquenta e cinco, os discípulos de Isaías escrevem para confortar os que foram deportados para a Babilônia, com a promessa de que Deus os libertará da escravidão do exílio. Uma vez libertados, poderão retornar à terra e viver dias felizes novamente. Isaías alerta, ainda, que para acontecer a libertação será preciso manter a firmeza na fé e a fidelidade ao Deus verdadeiro.

Na última parte do livro, que vai do capítulo cinquenta e seis ao sessenta e seis, outros discípulos de Isaías vão dizer para os que voltaram do exílio da Babilônia que Deus é fiel para sempre e está do lado de seu povo. Falam, também, que a prática de uma religião viva, adorando o Deus verdadeiro e procurando fazer sua vontade, trará dias maravilhosos para o povo de Deus, formando assim uma nova Jerusalém. Cabe ao povo, arrependido, confessar seus pecados e, uma vez purificados, viverão em paz. E assim acontecendo Sião será glorificado, a libertação dos prisioneiros será plena, a alegria reinará e Javé reatará os laços com a comunidade de Israel, sua esposa querida.

Isaías ouviu seu chamado, no Templo diante de Deus, sentado em trono alto e majestoso. Diante do chamado, ele sente seu nada, suas limitações, sua pequenez, suas impurezas. No entanto, nada disso é empecilho para o chamado de Deus, pois Ele provê a quem chama. Isaías atende ao chamado de Deus, dizendo: "Eis-me aqui, enviai-me!" É a resposta que Deus espera ouvir de cada um de nós, no dia a dia de nossa vida.

2. Bibliografia para aprofundamento do texto

2.1. BÍBLIA SAGRADA DE APARECIDA. Aparecida, Editora Santuário, 2006, p.1080-1166.
2.2. TONUCCI, Paulo. *O povo e a bíblia* – história sagrada. São Paulo, Paulinas, 1983, p. 185-194.
2.3. HARRINGTON, Wilfrid J. *Chave para a Bíblia*. São Paulo, Paulus, 1985, p. 280-282.

3. Questões para aprofundamento

3.1. Isaías foi um profeta que denunciou uma sociedade que deixou a vontade de Deus de lado. Hoje você encontra cristãos que fazem denúncias como essas? Cite alguns exemplos.
3.2. Isaías foi um profeta que consolou as pessoas quando estavam no exílio, sofrendo a escravidão. Hoje você encontra cristãos que procuram consolar as pessoas quando estão em situações difíceis? Cite alguns exemplos.

3.3. Isaías foi um profeta que anunciou a esperança da organização de uma sociedade repleta de paz e justiça e temente a Deus. Hoje você encontra cristãos que anunciam dias melhores para o povo? Cite alguns exemplos.

4. Músicas

4.1. *O Senhor é santo* (D. Carlos A. Alberto Navarro e David Julien).

4.2. *Somos gente da esperança* (Cícero Alencar e Norival de Oliveira).

4.3. *Por nossas fraquezas* (Frei Luiz Turra).

4.4. *Por que chorar, meu coração* (Pe. Ronaldo Pelaquin).

4.5. *Eu me entrego, Senhor* (Reginaldo Veloso e Pe. Sílvio Milanez).

5. Atividade pessoal ou grupal

A palavra certa, na hora certa, do jeito certo

Objetivo: Favorecer a compreensão de que diante de qualquer circunstância da vida sempre há algo de profético a ser dito para as pessoas.

5.1. Reunir o grupo em círculo e dividi-lo em três subgrupos.

5.2. Entregar para cada subgrupo uma folha que contém uma palavra (seria bom que os subgrupos não soubessem qual palavra que o outro subgrupo pegou).

5.3. Orientar cada subgrupo a imaginar uma situação em que seja necessário fazer um discurso utilizando palavras que contenham o conteúdo da palavra que o subgrupo pegou. Montar um discurso convincente.

5.4. Pedir para cada subgrupo encontrar um espaço apropriado para montar o discurso. Todos terão 15 minutos para preparar o tema.

5.5. As palavras distribuídas para cada grupo: DENÚNCIA (provocação) – CONSOLAÇÃO (conforto) – ESPERANÇA (sonhos).

5.6. Cada subgrupo deverá fazer seu discurso para os outros subgrupos, como se estivesse realmente vivendo a situação do tema proposto.

5.7. Após a apresentação de cada subgrupo, abrir espaço para todos falarem sobre as apresentações, o que chamou mais atenção, que mensagem tirou para a vida.

5.8. Verificar a ligação entre as apresentações dos subgrupos e o profeta Isaías.

7 | A VOCAÇÃO DE ISAÍAS

II • REZANDO MINHA VOCAÇÃO

1. Orientações para a oração pessoal

1.1. Escolher um lugar para sua oração.

1.2. Determinar o horário e o tempo de sua oração.

1.3. Pedir a graça que deseja para esse momento de oração.

1.4. Ler e reler o texto com muita calma.

1.5. "Saborear" com o coração o que o marcou.

1.6. Concluir a oração, agradecendo ao Senhor este encontro.

2. Textos bíblicos para a oração pessoal (rezar um texto bíblico por dia)

2.1. Isaías 6,1-13 – A vocação de Isaías.

2.2. Isaías 8,16-23; 9,1-6 – A missão de Isaías.

2.3. Isaías 36–38 – O anúncio em tempos difíceis.

2.4. Isaías 43,1-13 – Consolo aos aflitos.

2.5. Isaías 65,17-25 – A esperança está no ar.

2.6. Avaliação da oração pessoal durante a semana (sábado).

2.7. Domingo participar na Paróquia ou na Comunidade.

3. Fazer a leitura orante de cada texto bíblico

3.1. O que diz o texto? O texto fala de quê...

3.2. O que o texto diz para mim hoje? Penso em que preciso mudar...

3.3. O que o texto me faz dizer a Deus? Rezo, louvo, agradeço...

3.4. O que o texto me leva a fazer? Faço silêncio... Escuto o que Deus me pede.

3.5. Desafio: pôr em prática o que Deus me pediu.

4. Anotar em seu caderno de oração, após cada texto bíblico, o que mais tocou seu coração

5. Compromisso de vida

5.1. Procure estar atento à realidade de sua família, de sua escola, de sua comunidade e da sociedade, e veja que tipo de discurso profético você ou qualquer cristão autêntico deverá fazer para as pessoas nesses contextos. Será um discurso de provocação porque estão acomodados? Será um discurso de consolação porque estão sofrendo? Será um discurso de esperança porque estão para recomeçar uma nova caminhada?

5.2. Se possível faça o discurso profético necessário para as pessoas que convivem com você no dia a dia de sua vida.

OBS.: Procure partilhar, de forma transparente e simples, com o acompanhante espiritual/vocacional os sentimentos, medos, dúvidas, receios, apegos..., pois isso o ajudará em seu discernimento vocacional.

"Como a mãe consola um filho, assim vos consolarei!" (Isaías 66,13)

8 A VOCAÇÃO DE JEREMIAS

I • REFLEXÃO

I. Texto

Jeremias é um dos profetas mais conhecidos das sagradas escrituras. Nasceu por volta do ano 650 a.C. em Anatot, próximo de Jerusalém. Embora fosse de família sacerdotal, da tribo de Benjamim, esteve sempre ligado às tradições proféticas do Norte, principalmente a Oseias, profeta camponês. Desde o seio materno foi chamado por Deus (Jr 1,4-6) e exerceu seu ministério entre 626 a 587 a.C. O período em que exerceu sua missão foi um dos períodos mais sofridos da história do povo de Deus. De maneira crítica procura orientar o povo a voltar seu coração para Deus e praticar seus ensinamentos.

O Reino de Judá constantemente era ameaçado pelas grandes potências, Babilônia e Egito. Judá ficava entre essas nações. Esse período foi tão duro que o rei da Babilônia, Nabucodonosor, por duas vezes invadiu Judá e deportou parte de seu povo, levando-o para o exílio na Babilônia. É nesse contexto que ocorreu o chamado de Jeremias. Deus o envia para combater a infidelidade à aliança, as práticas idolátricas, os casos de adultérios, as injustiças e toda espécie de imoralidade.

Jeremias é um homem de profunda sensibilidade diante do sofrimento do povo, no entanto, lança palavras muito duras contra ele, e isso faz com que seja rejeitado pela população, especialmente pelas lideranças da época. Assim como Moisés, ele intercede pelo povo junto a Deus, mas condena as práticas religiosas exteriores, pois o coração desses religiosos estava distante de Deus. Ele também prega uma coerência de vida entre o que se reza, o que se sente e o que se faz. Jeremias dá todo o apoio possível para o rei Josias empreender uma reforma religiosa para acabar com a idolatria e renovar a aliança. E diante do grande massacre imposto pelo invasor Nabucodonosor, Jeremias lança palavras de força e de esperança para o povo, revelando que Javé fará a restauração e Jerusalém será reconstruída.

É interessante notar que o profeta Jeremias, quando convocado por Deus, tenta escapar, alegando que não sabia falar e que ainda era uma criança. No entanto, Javé diz que estaria sempre com ele e que não precisava ter nenhum temor (Jr 1,4-10). Vendo Jeremias e sua missão, notamos, realmente, que ele não teve vida fácil, sofreu perseguições e torturas (Jr 20,1-2). Mas a perseguição feita a Jeremias é o que aconteceu e acontece com todo o profeta que fala em nome de Deus, incomodando os poderosos, os grandes, os acomodados, os indiferentes e os sistemas opressores. Os que são denunciados, por não quererem mudar de vida, sempre buscam um meio para calá-los, matá-los, para ficarem livres dos profetas e de suas denúncias.

Jeremias deixa para nós o exemplo de um homem que soube superar seus limites, seus medos, e soube enfrentar com coragem os poderosos e o povo de sua época, anunciando-lhes a Palavra de Deus, que liberta e salva.

2. Bibliografia para aprofundamento do texto

2.1. BÍBLIA SAGRADA DE APARECIDA. Aparecida, Editora Santuário, 2006, p. 1167-1262.

2.2. HARRINGTON, Wilfrid J. *Chave para a Bíblia*. São Paulo, Paulus, 1985, p. 286-291.

2.3. TONUCCI, Paulo. *O povo e a Bíblia* – história sagrada. São Paulo, Paulinas, 1983, p. 195-209.

3. Questões para aprofundamento

3.1. Para você, por que Jeremias demonstrou medo diante do chamado de Deus?

3.2. O que pode ajudar o profeta a enfrentar os desafios da missão, principalmente quando é necessário fazer denúncias ao sistema que geram mortes e injustiças?

3.3. Você conhece alguém que aparentemente é uma pessoa humilde e simples, mas que quando fala para as pessoas são autênticos profetas dos dias de hoje? Quem? Conte um pouco sobre sua vida.

4. Músicas

4.1. *O Profeta – Antes que te formasse* (Gilmar Torres).

4.2. *O Deus que me criou* (José Vicente).

4.3. *Se calarem a voz dos profetas* (Cecília Vaz Castilho).

4.4. *Vejam, eu andei pelas vilas* (J. Thomaz Filho e Frei Fabreti).

5. Atividade pessoal ou grupal

Ser amado e amar

Objetivo: Favorecer a pessoa a sentir o grande amor de Deus por ela e o quanto é importante demonstrar nosso amor a Ele.

5.1. Entregar para o grupo uma folha com a música: *O Profeta* (*Antes que te formasse*) e pedir para todos encontrarem a passagem bíblica: Jeremias 20,1-13.

5.2. Em um primeiro momento, animar todos para cantar toda a música: *O Profeta*.

5.3. Pedir para todos em silêncio retomar a letra da música e meditá-la.

5.4. Cada pessoa deverá partilhar o que considerou mais importante da música.

5.5. Em um segundo momento, pedir para todos abrirem a Bíblia na passagem citada acima. Orientar as pessoas para que façam a leitura de forma alternada, cada um poderá ler um versículo.

5.6. Pedir para retomar a leitura em silêncio para uma breve meditação.

5.7. Abrir espaço para partilhar a meditação feita.

5.8. Assim que todos terminarem, fazer o fechamento alertando sobre o grande amor de Deus para conosco e sobre esse amor que nos seduz de tal forma que não dá para viver sem Ele.

1. Orientações para a oração pessoal

1.1. Escolher um lugar para sua oração.

1.2. Determinar o horário e o tempo de sua oração.

1.3. Pedir a graça que deseja para esse momento de oração.

1.4. Ler e reler o texto com muita calma.

1.5. "Saborear" com o coração o que o marcou.

1.6. Concluir a oração, agradecendo ao Senhor este encontro.

2. Textos bíblicos para a oração pessoal (rezar um texto bíblico por dia)

2.1. Jeremias 1,4-10 – Vocação e Missão de Jeremias.

2.2. Jeremias 20,1-13 – Jeremias é seduzido por Deus.

2.3. Jeremias 14,19-22 – Uma das orações de Jeremias a Deus.

2.4. Jeremias 15,19-21 – Deus quer o bem de seu povo.

2.5. Jeremias 26,1-24 – A coragem do Profeta.

2.6. Avaliação da oração pessoal durante a semana (sábado).

2.7. Domingo participar na Paróquia ou na Comunidade.

3. Fazer a leitura orante de cada texto bíblico

3.1. O que diz o texto? O texto fala de quê...

3.2. O que o texto diz para mim hoje? Penso em que preciso mudar...

8 | A VOCAÇÃO DE JEREMIAS

3.3. O que o texto me faz dizer a Deus? Rezo, louvo, agradeço...

3.4. O que o texto me leva a fazer? Faço silêncio... Escuto o que Deus me pede.

3.5. Desafio: pôr em prática o que Deus me pediu.

4. Anotar em seu caderno de oração, após cada texto bíblico, o que mais tocou seu coração

5. Compromisso de vida

5.1. Assista a um filme ou leia um livro que contenha a história de alguém que entregou a vida pela causa da justiça e da paz.

5.2. Procure conhecer uma pouco mais sobre a vida de grandes profetas brasileiros mortos ou vivos, como Zumbi dos Palmares, Pe. Josimo, Dom Luciano Mendes de Almeida, Dom Pedro Casaldaliga, Irmã Doroty, Chico Mendes etc.

OBS.: Procure partilhar, de forma transparente e simples, com o acompanhante espiritual/vocacional os sentimentos, medos, dúvidas, receios, apegos..., pois isso o ajudará em seu discernimento vocacional.

"Seduziste-me, Senhor, e eu me deixei seduzir!" (Jeremias 20,7)

9 A VOCAÇÃO DE JOÃO BATISTA

I · REFLEXÃO

I. Texto

O Evangelho de Lucas (Lc 1,5-80) conta para nós sobre o nascimento de João Batista. Mostra que sua concepção foi uma obra de Deus, pois Isabel e Zacarias estavam com idade muita avançada e Isabel era considerada estéril. No Evangelho de Mateus (Mt 11,10-11), o próprio Cristo vai dizer que ele veio para preparar seu caminho e que dos nascidos de mulher ninguém era maior que João Batista.

É importante lembrar que Isabel era prima da Virgem Maria, mãe de Jesus. Quando Maria foi concebida pelo Espírito Santo, Isabel já estava grávida há seis meses. Maria foi até a casa de Isabel para ajudá-la nas atividades cotidianas até que nascesse João Batista. Assim que Isabel viu Maria ela disse palavras maravilhosas para ela: "Tu és bendita entre as mulheres e bendito é o fruto de teu ventre! E como me é dado que venha a mim a mãe de meu Senhor? Pois assim que chegou a meus ouvidos a voz de tua saudação, o menino saltou de alegria em meu seio. Bem-aventurada aquela que acreditou que se cumpriria o que lhe foi dito da parte do

Senhor!" (Lc 1,42-45). João, segundo as narrativas, foi o primeiro a reconhecer Jesus, o Salvador, ainda no ventre de sua mãe. Esse é um dos motivos pelos quais a Igreja celebra festivamente, também, o dia de seu nascimento, 24 de junho, pois os outros santos, celebramos seu dia na data de seu falecimento.

João buscou sua santidade muito cedo realizando práticas religiosas muito intensas. Quando jovem deixou sua casa e foi morar no deserto, vestia-se de peles de animais e alimentava-se de gafanhotos e mel silvestre.

No deserto teve muito tempo para meditar, rezar e discernir o que Deus queria dele. Pôde assim se preparar para assumir a importante missão de auxiliar na conversão dos pecadores e de preparar o caminho de Nosso Senhor Jesus Cristo.

João chamava a atenção por seu modo de vestir, por seu testemunho e por suas palavras diretas contra o pecado e contra todos os atos de imoralidade presentes na sociedade judaica. Exortava as pessoas a se converterem, a confessarem seus pecados e a procurarem viver mais próximos de Deus através da oração e prática da justiça, "Convertei-vos, pois está próximo o Reino dos Céus!" (Mt 3,2). As pessoas que escutavam João e demonstravam vontade de mudar de vida eram batizadas por ele no Rio Jordão. Ele batizou tantas pessoas que pegou o apelido de Batista, por isso então ficou conhecido como João Batista. Em suas palavras João dizia: "Eu vos batizo com água, para vossa conversão, mas aquele que vem depois de mim é mais forte do que eu: eu não sou digno nem de tirar-lhe as sandálias. Ele vos batizará com o fogo do Espírito Santo" (Mt 3,11).

Jesus apresentou-se também a João Batista para ser batizado na água. João relutou dizendo para Jesus que era ele quem deveria batizá-lo. No entanto, ele é convencido por Jesus quando disse para João: "Deixa por ora, pois assim convém que façamos tudo o que é justo" (Mt 3,15). Após o batismo, Jesus saiu do Rio

Jordão, os céus se abriram, e o Espírito de Deus, em forma de pomba, veio sobre Ele, e "do céu veio uma voz que disse: Este é o meu Filho amado, de quem eu me agrado" (Mt 3,16-17).

João Batista foi o primeiro a apontar Jesus como o Cordeiro de Deus, e diante de tal testemunho alguns de seus discípulos começaram a seguir Jesus, um deles era André, irmão de Pedro (Jo 1,19-49). O caminho já estava preparado para Jesus, e assim João Batista pôde cumprir bem sua missão.

Mas enquanto viveu, ele continuou a fazer as pregações denunciando todo tipo de pecado. Por causa de uma de suas denúncias foi mandado para a prisão. Quem mandou prendê-lo foi o tetrarca Herodes, a quem João repreendera porque estava vivendo com Herodíades, esposa de seu irmão. João denunciou-o por essa imoralidade e por outros erros cometidos pelo tetrarca contra o povo (Lc 3,18-20).

Herodíades estava com muito ódio de João Batista e guardava uma oportunidade para mandar matá-lo, e essa oportunidade surgiu quando o tetrarca Herodes, encantado pela dança da filha de Herodíades, Salomé, prometeu dar-lhe o que quisesse. Influenciada pelo ódio da mãe, ela pede para que Herodes lhe dê, em uma bandeja, a cabeça de João Batista. Como o rei não poderia revogar sua promessa, atendeu ao pedido da moça e assim mandou decapitar João Batista. Mateus narra que os discípulos de João vieram, tomaram seu corpo e lhe deram uma sepultura. E foram informar Jesus sobre tal acontecimento (Mt 14,1-12).

Através da vida de João Batista notamos o quanto ele foi fiel à sua missão e vocação. Viveu plenamente a vontade de Deus: preparando o caminho do Senhor, levando as pessoas a se converterem, batizando Jesus, apontando o Cristo como o Cordeiro de Deus e não se curvando diante de poderosos que abusavam do poder em benefício próprio. Foi o último dos grandes profetas e tornou-se mártir da fé, da verdade e da justiça.

9 | A VOCAÇÃO DE JOÃO BATISTA

2. Bibliografia para aprofundamento do texto

2.1. BÍBLIA SAGRADA DE APARECIDA. Aparecida. Editora Santuário, 2006.

2.2. CATECISMO DA IGREJA CATÓLICA. Petrópolis, Editora Vozes, 1993, p. 132; 298-299.

2.3. BRUSTOLIN, Leomar A. *A mesa do pão*. São Paulo, Paulinas, 2009, p. 63-74.

3. Questões para aprofundamento

3.1. Que exigências João Batista fazia para quem queria converter-se?

3.2. Das passagens bíblicas sobre João Batista, qual você considera mais interessante? Por quê?

3.3. Se João Batista estivesse vivendo nos dias de hoje, sua missão seria mais fácil ou mais difícil? Ele estaria incomodando algumas pessoas? Que tipo de pessoas?

3.4. O que precisamos desenvolver em nós para termos atitudes como a de João Batista? Ou você considera seu modo de agir ultrapassado em nossos dias?

3.5. No mundo de hoje há pessoas que carregam ódio dentro de si quando alguém lhes diz algumas verdades? Por que carregam dentro de si esse sentimento negativo?

4. Músicas

4.1. *Sim, eu quero que a luz de Deus* (Pe. José Weber).

4.2. *Por nossas fraquezas humanas* (Frei Luiz Turra)

4.3. *Eis o tempo de conversão* (Pe. José Weber).

4.4. *As colinas vão ser abaixadas* (Pe. João de Araújo e Ir. Miriam T. Kolling).

5. Atividade pessoal ou grupal

Entrando no caminho do Senhor

Objetivo: A partir da prática do dia a dia, verificar o que cada pessoa está fazendo para estar no caminho de Nosso Senhor Jesus Cristo.

5.1. Entregar para cada participante uma folha em branco e pedir para escrever em linha vertical os números de 0 a 24 em ordem crescente (correspondem às 24 horas do dia).

5.2. Escrever o que cada um faz em cada hora do dia (dormir, estudar, praticar esportes, lazer, visitar shopping, navegar na internet, conversar com os amigos, rezar, passear etc.).

5.3. Depois que todos escreveram, pedir para verificar se esse tempo gasto para fazer as coisas citadas estão em conformidade com a vontade de Deus. Caso alguém perceba que está falhando com a vontade de Deus, veja o que pode ser feito para entrar no caminho do Senhor.

5.4. Assim que tiverem terminado a partilha, pedir para que do outro lado da folha cada pessoa escreva três situações que mostram, nos dias de hoje, pessoas distantes do caminho do Senhor (egoísmo, consumismo, violência, preconceitos, preguiça etc.).

5.5. Em seguida pedir para escrever três situações que mostram pessoas que vivem os valores do Reino de Deus e, portanto, estão no caminho do Senhor.

5.6. Convidar as pessoas a partilhar o que escreveram.

1. Orientações para a oração pessoal

1.1. Escolher um lugar para sua oração.

1.2. Determinar o horário e o tempo de sua oração.

1.3. Pedir a graça que deseja para esse momento de oração.

1.4. Ler e reler o texto com muita calma.

1.5. "Saborear" com o coração o que o marcou.

1.6. Concluir a oração, agradecendo ao Senhor este encontro.

2. Textos bíblicos para a oração pessoal (rezar um texto bíblico por dia)

2.1. Lucas 1,5-25 – Anúncio do nascimento de João Batista.

2.2. Lucas 1,39-45 – O Encontro da Virgem Maria, grávida de Jesus, com Isabel, grávida de João Batista.

2.3. Lucas 3,1-18.21-22 – O ministério de João Batista e o Batismo de Jesus.

2.4. Mateus 11,2-15 – Jesus reconhece a grandeza de João Batista.

2.5. Mateus 14,1-12 – O martírio de João Batista.

2.6. Avaliação da oração pessoal durante a semana (sábado).

2.7. Domingo, participar na Paróquia ou na Comunidade.

3. Fazer a leitura orante de cada texto bíblico

3.1. O que diz o texto? O texto fala de quê...

3.2. O que o texto diz para mim hoje? Penso em que preciso mudar...

3.3. O que o texto me faz dizer a Deus? Rezo, louvo, agradeço...

3.4. O que o texto me leva a fazer? Faço silêncio... Escuto o que Deus me pede.

3.5. Desafio: pôr em prática o que Deus me pediu.

4. Anotar em seu caderno de oração, após cada texto bíblico, o que mais tocou seu coração

5. Compromisso de vida

5.1. Procure conhecer a história de alguém que estava vivendo no caminho do mal, mas se converteu e agora está no caminho do Senhor. Se possível, diga para ela que está feliz pela escolha certa que fez.

5.2. Procure nestes dias da semana dedicar pelo menos meia hora por dia para fazer um bem para alguém.

OBS.: Procure partilhar, de forma transparente e simples, com o acompanhante espiritual/vocacional os sentimentos, medos, dúvidas, receios, apegos..., pois isso o ajudará em seu discernimento vocacional.

"O povo de Jerusalém, de toda a Judeia e do vale do Jordão, ia até ele, confessava seus pecados, e ele batizava a todos no Rio Jordão!" (Mateus 3,5-6)

10 A VOCAÇÃO DE MARIA

I • REFLEXÃO

I. Texto

Temos consciência de que falar sobre a vocação de Maria em poucas linhas não é uma tarefa fácil, pois sua vida, sua história, sua missão e vocação antes, durante e após a vinda de nosso Salvador são carregadas de sentido e ensinamentos. No entanto, apresentaremos alguns traços que consideramos fundamentais daquela que foi considerada a "cheia de graça" diante de Deus, nosso Pai. Cada um poderá fazer outras pesquisas a partir da bibliografia citada abaixo e em outros documentos e livros.

O povo de Deus, a partir dos profetas do Antigo Testamento, aguardava com muita esperança a vinda do Messias, o Salvador, aquele que viria para trazer a paz e a justiça definitiva para Israel. Na compreensão do povo, principalmente de suas lideranças religiosas, Ele viria como um rei, poderoso, forte, guerreiro, conquistador, um líder capaz de unir todas as tribos de Israel, trazendo paz e prosperidade para a

Nação escolhida por Deus para ser um exemplo a ser seguido por todas as outras nações. E assim muitas famílias e mulheres esperavam a graça de ser a mãe do Salvador.

Deus escolheu uma jovem de família pobre de Nazaré, na Galileia. Seus pais eram Joaquim e Ana, pessoas simples e tementes a Deus. Maria, ainda em sua adolescência, foi prometida em casamento a um homem da tribo de Davi, chamado José, que era carpinteiro. No final de uma tarde e início da noite, a Virgem Maria recebeu a visita do Anjo Gabriel, que em nome de Deus veio para dizer-lhe palavras maravilhosas: "Alegra-te, ó cheia de graça, o Senhor é contigo" (Lc 1,28). Maria, em um primeiro momento, não compreendeu aquela misteriosa e feliz saudação. O Anjo a orienta a não ter medo, porque Deus é bondoso e estava com ela. Em seguida, Maria ouviu do Anjo palavras tão esperadas pelas mulheres de Israel: "Conceberás em teu seio e darás à luz um filho e lhe porás o nome de Jesus. Ele será grande e será chamado Filho do Altíssimo" (Lc 1,31).

Diante da maior grandeza que um ser humano poderia esperar, que é ser a mãe do Filho de Deus, Maria em sua humildade e simplicidade vai dizer que não era casada e que não tinha nenhum homem, e o Anjo vai orientá-la que: "O Espírito Santo descerá sobre ti e a força do Altíssimo te cobrirá com sua sombra. Por isso, o Santo que vai nascer será chamado Filho de Deus" (Lc 1,35). Maria compreendeu que para Deus nada era impossível e se jogou totalmente nas mãos dele dizendo: "Eis aqui a serva do Senhor, faça-se em mim segundo tua palavra" (Lc 1,38).

Maria sempre foi uma jovem simples, religiosa, disponível e servidora. Essas virtudes levaram-na a caminhar por muitas e muitas horas por uma região montanhosa até chegar à cidade onde morava sua prima Isabel, que estava grávida de João Batista. E ali Maria ficou ajudando até o nascimento do filho de Isabel. Foi nesse encontro entre Maria e Isabel que o evangelista Lucas nos mostra através do cântico de Maria, o "Magnificat", o quanto Maria estava consciente de sua missão, reconhecendo sua humildade e o grande feito que Deus fez na vida dela e na vida de seu povo, trazendo para ele esperanças alicerçadas no amor e na justiça. Nesse cântico ela recorda também da ação de Deus e sua fidelidade na história a partir da promessa feita a Abraão (Lc 1,46-56).

Poucos meses depois nasceu também o Salvador da humanidade, Jesus Cristo, na cidade de Belém, onde José teve de ir para fazer o recenseamento a mando do Imperador César Augusto. Todos tinham de fazer o alistamento em sua cidade natal. A cidade estava muito cheia e não encontraram lugar para ficar. Diante da emergência, José improvisou um lugar em um estábulo, onde havia animais e, ali, nasceu Jesus. Maria o envolveu em faixas e o colocou em uma manjedoura. E muitos vieram para adorar o Filho de Deus, o Filho da Virgem Maria (Lc 2,1-20; Mt 2,1-12).

Maria e José acompanharam todo o desenvolvimento de Jesus. Com certeza puderam contemplar todos os dias o próprio Filho de Deus no meio deles. Com certeza puderam alimentá-lo, protegê-lo, educá-lo e levá-lo a participar das obrigações religiosas judaicas. E com eles Jesus crescia em tamanho, sabedoria e graça.

Muitos foram os momentos da presença de Maria na vida de Jesus, além de sua infância, adolescência e início de sua juventude, pois, em vários lugares por onde Jesus foi para anunciar a Boa-Nova do Reino com os discípulos, ela estava ali e tudo que ouvia e via Jesus fazendo guardava em seu coração. Maria, portanto, além de mãe, foi a primeira discípula de Jesus. Nos momentos mais difíceis de Jesus, ela também esteve presente e acompanhou nosso Salvador pela *"Via Crucis"*, até o calvário, onde Ele foi pregado e morto na cruz, como o pior dos bandidos. Maria mesmo sofrendo e chorando ao ver tanta crueldade feita a seu Filho amado, tudo suportou, na firme esperança de que o melhor estava para acontecer, ou seja, Deus Pai o ressuscitaria no terceiro dia. Ela é bendita porque acreditou (Jo 18–20; Mt 26–28; Mc 14–16; Lc 22–24).

Deus, nosso Pai, ao visitar Maria através do Anjo Gabriel, deu-lhe a sublime missão de ser a Mãe de Jesus, o Salvador de todos nós, e, ali aos pés da cruz, Jesus, o Filho amado, passa uma nova missão para ela, a de ser a Mãe de todos nós, e nos orienta a tê-la como nossa Mãe querida (Jo 19,25-27). Maria, após a ressurreição e ascensão de Jesus, continuou com os discípulos, favorecendo-os na organização das comunidades cristãs, a Igreja.

Para nós, cristãos católicos, a Virgem Maria está no céu junto com Deus Pai, Deus Filho e Deus Espírito Santo, e com os santos e santas. Assim como nas Bodas de Caná (Jo 2,1-12), quando ela fez o pedido a Jesus em favor dos noivos e foi atendida, porque ela é a cheia de graça diante de Deus, ela intercede por nós e, com certeza, Jesus não nega o pedido de sua mãe querida. Ela é nossa grande intercessora e modelo de vida. Peça, em suas orações, para que ela lhe ajude em seu discernimento vocacional.

2. Bibliografia para aprofundamento do texto

2.1. BÍBLIA SAGRADA DE APARECIDA. Aparecida, Editora Santuário, 2006.

2.2. PADRE ZEZINHO. *De volta ao catolicismo*. São Paulo, Paulinas, 2009, p. 513-530.

2.3. SANTO AFONSO DE LIGÓRIO. *As glórias de Maria*. Aparecida, Santuário, 1989.

2.4. BISINOTO, Eugênio A. *Para conhecer e amar Nossa Senhora*. Aparecida, Santuário, 2005.

2.5. BOFF, Clodovis M. *Mariologia social*. São Paulo, Paulus, 2006.

2.6. MURAD, Afonso T. *Maria, toda de Deus e tão humana.* São Paulo: Paulinas, Aparecida: Santuário, 2012.

2.7. VIANA, Antonino O. *Maria... Quem é esta mulher?* Uberlândia, Editora Partilha, 2012.

3. Questões para aprofundamento

3.1. Qual a importância de Maria na história da Salvação?

3.2. Qual ou quais momentos você gostaria de destacar da Virgem Maria?

3.3. Qual foi, em sua opinião, o momento mais difícil que ela teve de enfrentar para cumprir sua missão?

3.4. Qual o grande aprendizado que podemos tirar a partir da vida de Nossa Senhora?

3.5. Você tem o hábito de sempre pedir a intercessão da Virgem Maria? Quando você faz isso?

3.6. Por que ela é amada e venerada por tantas raças, classes e nações?

3.7. Diante do convite de Deus para assumir uma missão, você assumiria com toda a confiança como Maria assumiu ou apresentaria dificuldades? Quais seriam suas principais dificuldades?

4. Músicas

4.1. *Maria de Nazaré* (Pe. Zezinho, SCJ).

4.2. *Imaculada* (J. Thomaz Filho e Frei Fabreti).

4.3. *Maria, mãe dos caminhantes* (Pe. Geraldo Pennock).

4.4. *Quem é essa mulher* (Casemiro Nogueira).

4.5. *Santa mãe, Maria* (José A. Santana).

5. Atividade pessoal ou grupal

Rosas para Maria

Objetivo: Valorizar a importância da Virgem na história da salvação e na vida das pessoas.

5.1. O orientador deverá escrever e recortar em pequenas tiras títulos de Nossa Senhora e distribuir duas ou três tiras para as pessoas do grupo. Veja alguns títulos de Nossa Senhora que podem ser escritos: Maria: Mãe de Deus; Maria: Nossa mãe; Maria: Concebida sem o pecado original; Maria: Arca da Aliança; Maria: Auxílio dos cristãos; Maria: Rainha dos Apóstolos; Maria: Rainha de todos os santos; Maria: Rainha assunta aos céus; Maria: Rainha da família; Maria: Mãe da Igreja; Maria: Consoladora dos aflitos etc.

5.2. Dar pelos menos 10 minutos para cada pessoa meditar e rezar sobre os títulos que recebeu.

5.3. Na volta para o grupo, perguntar quais os títulos que cada pessoa pegou e qual a reflexão que pode fazer a partir deles.

5.4. No final de cada apresentação, orientar a pessoa a rezar uma Ave-Maria e pedir a intercessão a partir dos títulos que pegou, como, por exemplo: Maria: Consoladora dos aflitos – Rogai por nós.

5.5. No final, conversar com o grupo sobre a importância de Maria para a vocação e sobre o discernimento que se está fazendo.

II • REZANDO MINHA VOCAÇÃO

1. Orientações para a oração pessoal

1.1. Escolher um lugar para sua oração.

1.2. Determinar o horário e o tempo de sua oração.

1.3. Pedir a graça que deseja para esse momento de oração.

1.4. Ler e reler o texto com muita calma.

1.6. "Saborear" com o coração o que o marcou.

1.7. Concluir a oração, agradecendo ao Senhor este encontro.

2. Textos bíblicos para a oração pessoal (rezar um texto bíblico por dia)

2.1. Lucas 1,26-38 – O chamado de Deus e o sim de Maria.

2.2. Lucas 1,39-59 – A disponibilidade e a grandeza de Maria.

2.3. Lucas 2,1-35 – O nascimento de Jesus e as dificuldades da missão.

2.4. João 2,1-12 – Maria intercede por nós junto a Jesus.

2.5. João 19,25-30 – Maria cumpriu sua missão até o fim e Jesus nos oferece sua Mãe como nossa Mãe também.

2.6. Avaliação da oração pessoal durante a semana (sábado).

2.7. Domingo, participar na Paróquia ou na Comunidade.

3. Fazer a leitura orante de cada texto bíblico

3.1. O que diz o texto? O texto fala de quê...

3.2. O que o texto diz para mim hoje? Penso em que preciso mudar...

3.3. O que o texto me faz dizer a Deus? Rezo, louvo, agradeço...

3.4. O que o texto me leva a fazer? Faço silêncio... Escuto o que Deus me pede.

3.5. Desafio: pôr em prática o que Deus me pediu.

4. Anotar em seu caderno de oração, após cada texto bíblico, o que mais tocou seu coração

5. Compromisso de vida

5.1. Durante a semana, procure rezar o terço, de preferência com sua família, com vizinhos ou amigos e colegas. Para cada dia você pode rezar mistérios diferentes, por exemplo: na segunda-feira e sábado, rezam-se os mistérios gozosos; na terça e sexta-feira, os mistérios dolorosos; na quinta-feira, os mistérios luminosos; e na quarta-feira e domingo, os mistérios gloriosos.

5.2. Todos os dias não se esqueça de fazer seu pedido a Nossa Senhora que interceda a Jesus para que você possa fazer um bom discernimento vocacional e assim servir ao Senhor com alegria.

OBS.: Procure partilhar, de forma transparente e simples, com o acompanhante espiritual/vocacional os sentimentos, medos, dúvidas, receios, apegos..., pois isso o ajudará em seu discernimento vocacional.

"O verdadeiro devoto de Nossa Senhora nunca se perde, pois ela sempre nos leva para Jesus, seu Filho amado!" (Santo Afonso Maria de Ligório)

11 JESUS, O VOCACIONADO DO PAI

I • REFLEXÃO

I. Texto

Deus amou tanto o mundo que deu seu Filho único para que todo aquele que nele crer não pereça, mas tenha a vida eterna. Deus não enviou seu filho para condenar o mundo, mas para que o mundo seja salvo por Ele (Jo 3,16-17). Jesus nasceu em uma época de muita corrupção e injustiça contra os mais pobres. Ele foi percebendo e sofrendo a situação junto aos mais pobres e injustiçados e, diante dessa realidade, revelou o amor do Pai por eles, dando-lhes, assim, mais esperanças.

Deus enviou seu filho Jesus Cristo para todos reconhecerem que existe um só Deus, também em três Pessoas iguais e distintas nos serviços fundamentais: sustentar a criação, redimir e santificar o homem e a mulher.

Jesus Cristo, como vocacionado do Pai, ensinou-nos que Deus é Pai de todos, e todos devemos amar com o mesmo amor que Deus deu para cada um de nós. Jesus nos ensinou que devemos amar não só a Deus, mas também o nosso próximo. E para amar precisamos reconhecer as qualidades dos outros, ter paciência, desculpar, perdoar, ajudar as pessoas, principalmente as que mais precisam.

O Pai nos enviou Jesus para nos salvar e nos libertar de todos os nossos pecados. "Quem crer e for batizado será salvo" (Mc 16,16). Ele veio para chamar o povo a viver em uma maior intimidade com Deus, orientando-o a sair da formalidade religiosa e do ritualismo litúrgico em direção a um relacionamento mais pessoal com Deus. Deixou claro para todos que vida com Deus é relacionamento e não uma série de regras.

A partir dos Santos Evangelhos, destacamos alguns pontos que nos ajudam a perceber a grandeza da missão de Jesus e servem de ensinamentos para vivermos bem nossa vida de cristãos.

Em primeiro lugar, destacamos o quanto Jesus nos ensina por seu exemplo e testemunho, nos quais Ele revela um amor abnegado ao Pai e a busca da edificação de seu Reino, deixando claro, também, seu grande amor aos filhos e filhas de Deus e a toda a criação (Jo 17).

Outro ponto fundamental foi a busca da edificação da justiça. Jesus, percebendo as injustiças na sociedade, mostrou-se solidário aos mais pobres e marginalizados. Através de suas palavras e atitudes para com os pequenos e sofredores, mostrou o rosto de um Deus amoroso, justo e misericordioso. É o Bom Pastor que protege, cuida e salva suas ovelhas (Jo 10,11).

A Sagrada Escritura nos mostra também que Jesus é o vocacionado do Pai. Ele serviu e amou até o fim, até aniquilar-se por amor a nós. A vocação de amar e servir, Jesus passou, também, para seus discípulos. Essas pessoas convidadas por Jesus tinham seus limites e dificuldades, no entanto, com Jesus elas aprenderam a viver em comunidade, a respeitar e amar umas às outras, a despojarem-se de si mesmas e a testemunharem o Evangelho, não só com palavras, mas com a própria vida (Jo 12,20-26).

Jesus foi fiel ao Plano da Salvação até o fim. Notamos que em sua missão teve de enfrentar muitas barreiras, críticas, perseguições políticas e religiosas, prisão, tortura e morte na cruz. Mesmo sabendo que tudo isso iria acontecer com Ele, Jesus permaneceu firme e forte, e no alto da Cruz, entregou seu espírito ao Pai e disse que tudo estava consumado, renovando assim toda a criação (Jo 18–19).

Sabemos, também, que se tudo tivesse acabado por ali, na morte de Jesus, hoje não estaríamos aqui refletindo nossa vocação cristã. O Apóstolo Paulo disse: "Mas se Cristo não ressuscitou, então nossa pregação é vazia, vazia também é nossa fé" (1Cor 15,14). Sim, o Pai, três dias após a morte de seu Filho Jesus, ressuscitou Nosso Senhor, aquele que estava morto ressuscitou e está vivo no meio de nós (Jo 20). Dando-nos esta grande convicção de que nosso Deus não é um Deus morto, mas um Deus vivo, e todo aquele que nele acreditar, ainda que morra, viverá.

A Boa-Nova do Reino de Deus, anunciada e testemunhada por Jesus Cristo, liberta-nos e nos faz buscarmos a construção de um mundo mais amoroso, fervoroso, fraterno e justo. Seguindo sempre os passos de Jesus, poderemos, nos dias de hoje, sermos sinais de contradição para uma sociedade que procura alicerçar-se na lógica do egoísmo, do individualismo, da competição, do consumismo, do ateísmo, da injustiça e da violência. Sejamos sempre fiéis e perseverantes no seguimento a Jesus Cristo.

2. Bibliografia aprofundamento do texto

2.1. BÍBLIA SAGRADA DE APARECIDA. Aparecida, Editora Santuário, 2006.

2.2. FERRARO, Benedito. *Cristologia*. Petrópolis, Vozes, 2004.

2.3. NETO, Rodolfo Gaede. *A diaconia de Jesus*. São Leopoldo, Sinodal, São Paulo, CEBI e Paulus, 2001.

2.4. RODRIGUES, Francisco M. *Jesus, relato histórico de Deus.* São Paulo, Paulinas, 1995.

2.5. BERGAMINI, Augusto. *Cristo, festa da Igreja.* São Paulo, Paulinas, 1994.

2.6. SCHMITZ, Quirino A. *Eu vi Jesus de Nazaré.* Aparecida, Editora Santuário, 2003.

2.7. BERTOLINI, José. *O Evangelho de Marcos.* São Paulo, Paulus, 2006.

3. Questões para aprofundamento

3.1. Como você entende o sofrimento que Jesus teve de enfrentar para nos salvar?

3.2. Será que nos dias de hoje você seria capaz de entregar sua vida pelos pobres e marginalizados de sua comunidade, como os primeiros discípulos?

3.3. Vale a pena se sacrificar em vista de um bem maior para a humanidade?

3.4. O que você pensa dos mártires cristãos que entregaram sua vida por causa da fé e do bem dos irmãos e irmãs?

4. Músicas

4.1. *Estou pensando em Deus* – (Pe. Zezinho, SCJ).

4.2. *O espírito do Senhor repousa sobre mim* – (Pe. José Weber).

4.3. *Tu és minha vida* – (Associação do Senhor Jesus).

4.4. *Um certo dia à beira-mar* – (Pe. Zezinho, SCJ).

4.5. *Balada por um reino – Por causa de um certo Reino* – (Pe. Zezinho, SCJ).

5. Atividade pessoal ou grupal

Amar o próximo

Objetivo: Ajudar as pessoas a refletir que não devem querer, para o seu irmão ou sua irmã, o que não desejam para si mesmas.

5.1. Dividir o grupo em três subgrupos.

5.2. Cada subgrupo por sorteio deverá pegar um grupo que não seja o seu (sorteio ou escolha).

5.3. Cada grupo irá montar três perguntas para o outro grupo responder e uma tarefa para o outro grupo, também, executar.

5.4. Deixar no máximo 15 minutos para cada grupo pensar nas perguntas e tarefa.

5.5. Chamar todos os subgrupos para o círculo novamente e pedir para que todos apresentem as perguntas e tarefas pensadas. Todos os grupos deverão só fazer as perguntas e apresentar as tarefas e deverão dizer qual subgrupo que responderá e realizará a tarefa.

5.7. Assim que todos apresentarem, o orientador mudará o rumo da dinâmica falando que as perguntas elaboradas e a tarefa pensada pelo subgrupo devem ser realizadas pelo próprio subgrupo.

5.8. Dar um tempo para todos apresentarem. Conversando sobre a dinâmica:

- Se você soubesse que seria seu próprio subgrupo que teria de responder as perguntas e realizar a tarefa, teria feito perguntas e tarefas mais fáceis?
- Qual a relação que você pode fazer entre a dinâmica e o novo mandamento deixado por Jesus: "Amarás ao teu próximo como a ti mesmo?" (Mt 22,39).

5.9. Encerre a atividade com a oração do Pai-nosso de mãos dadas.

1. Orientações para a oração pessoal

1.1. Escolher um lugar para sua oração.

1.2. Determinar o horário e o tempo de sua oração.

1.3. Pedir a graça que deseja para esse momento de oração.

1.4. Ler e reler o texto com muita calma.

1.5. Concluir a oração, agradecendo ao Senhor este encontro.

2. Textos para a oração pessoal (rezar um texto por dia)

2.1. João 1,1-18 – A encarnação do Verbo.

2.2. João 3,31-36 – "Quem crê no Filho tem a vida eterna."

2.3. Lucas 4,14-21 – Pregação de Jesus de Nazaré.

2.4. 1Pedro 2,21-25 – "Sobre a cruz, Ele carregou nossos pecados em seu corpo."

2.5. Efésios 1,3-14 – Hino Cristológico.

2.6. Avaliações da oração pessoal durante a semana (sábado).

2.7. Domingo, participar na Paróquia ou na Comunidade.

3. Fazer a leitura orante dos textos

3.1. O que diz o texto? O texto fala de quê...

3.2. O que o texto diz para mim hoje? Penso em que preciso mudar...

3.3. O que o texto me faz dizer a Deus? Rezo, louvo, agradeço...

3.4. O que o texto me leva a fazer? Faço silêncio... Escuto o que Deus me pede.

4. Anotar em seu caderno de oração, após cada texto bíblico, o que mais tocou seu coração

5. Compromisso de vida

5.1. Meditar durante esses dias sobre os mistérios do Rosário, que contam sobre a vida de Jesus, desde sua concepção até sua ascensão.

5.2. Esforce-se para demonstrar mais amor às pessoas de seu convívio. E fale para elas o quanto Deus as ama.

OBS.: Procure partilhar, de forma transparente e simples, com o acompanhante espiritual/vocacional os sentimentos, dificuldades, medos, dúvidas, receios, pois isso o ajudará em seu discernimento vocacional.

"Eu sou a luz do mundo, quem me segue não caminhará nas trevas, mas terá a luz da vida." (João 8,12)

12 A VOCAÇÃO DE MATEUS

I • REFLEXÃO

I. Texto

O publicano, no tempo de Jesus, normalmente era um judeu que tinha o encargo de cobrar impostos de seus compatriotas para entregar para o Império Romano. Quem desempenhava essa função era muito odiado pelos judeus, pois além de trabalhar para o inimigo, era tido como um explorador do povo, principalmente dos mais necessitados. Mateus era um desses cobradores de impostos e por isso mesmo era visto como um grande pecador, devido à desonestidade praticada por boa parte dos publicanos.

Mateus passou por uma grande transformação e conversão. Certo dia, depois que Jesus havia curado o paralítico, passando em frente à banca de impostos, olhou para Mateus e disse-lhe: "Segue-me!". Ele levantou e o seguiu (Mt 9,9). É interessante notar que essa atitude de Jesus provocou muito espanto nos fariseus, homens rígidos na fé e no cumprimento das leis. Mas através de Mateus muitos outros publicanos e pecadores procuraram aproximar-se de Jesus e é o próprio Mateus quem narra para nós esta importante passagem no Santo Evangelho: "Estando Jesus à mesa em casa, chegaram muitos publicanos e pecadores e sentaram-se à mesa com ele e com seus discípulos. Os fariseus, vendo isto, perguntaram aos discípulos: 'Por que vosso mestre come com os publicanos e pecadores?' Jesus ouviu-os e respondeu: 'Não são os que têm saúde que precisam de médico, mas os doentes. Ide aprender o que significa: Prefiro a misericórdia ao sacrifício. Com efeito, não vim chamar os justos, mas os pecadores'" (Mt 9,10-13).

Muitas pessoas, tidas como pecadoras na época de Jesus, ao ouvirem as palavras dele, ao verem seu testemunho e as obras maravilhosas que realizava, convertiam-se, e muitos tornaram seus discípulos, como é o caso de Mateus, que, além de se tornar um homem justo e humilde, escreveu para nós um dos Evangelhos que nos mostra quem é Jesus.

Falar sobre a conversão de Mateus e seu sim para seguir Jesus Cristo é muito importante para nós, nos dias de hoje, porque muitas pessoas, que ficam conhecendo Jesus, não se veem como merecedoras de serem seguidoras dele, pois cometeram algum erro no passado e por isso mesmo se acham indignas de tal privilégio. E através da vocação de Mateus percebemos que Jesus não faz acepção de ninguém, quer salvar todos, quer nos libertar de nossos pecados, quer que nos tornemos homens e mulheres renovados, cheios do Espírito Santo, e sejamos discípulos e missionários dele. Basta dizer sim ao convite do Senhor, que nos ama, que nos convida a espalhar a Boa-Nova do Reino e seu amor para todas as pessoas.

2. Bibliografia para aprofundamento do texto

2.1. BÍBLIA SAGRADA DE APARECIDA. Aparecida, Editora Santuário, 2006.

2.2. STORNIOLO, Ivo. *Como ler o Evangelho de Mateus*. São Paulo, Paulus, 1991.

2.3. CELAM – DOCUMENTO DE APARECIDA. São Paulo, Edições CNBB, Paulus, Paulinas, 2007.

2.4. PAPA FRANCISCO. *Evangelii Gaudium*. São Paulo, Paulinas, 2013.

3. Questões para aprofundamento

3.1. Para você o que levou Mateus a seguir Jesus?

3.2. Qual a importância de Mateus para a Igreja?

3.3. Você acredita na possibilidade de um pecador ou pecadora tornarem-se bons missionários de Jesus Cristo nos dias de hoje? Como?

4. Músicas

4.1. *Jesus Cristo me deixou inquieto* (Pe. Zezinho, SCJ).

4.2. *Se um dia caíres no caminho* (D. Carlos A. Navarro e Waldeci Farias).

4.3. *Amor e paz eu procurei* (Pe. Zezinho, SCJ).

4.4. *Quando te domina o cansaço* (Ir. Miriam T. Kolling).

5. Atividade pessoal ou grupal

As tentações

Objetivo: Ajudar as pessoas a fazer boas escolhas.

5.1. Reunir o grupo e dividi-lo em três subgrupos.

5.2. O subgrupo 1 pegará o tema RIQUEZA.

5.3. O subgrupo 2 pegará o tema PODER.

5.4. O subgrupo 3 pegará o tema PRAZER.

5.5. Entregar para cada grupo revistas e jornais, tesouras, cartolina e cola.

5.6. Orientar os subgrupos a montar um cartaz de acordo com o tema, fazendo recortes nos jornais e revistas.

5.7. Cada subgrupo terá 5 minutos para conversar sobre o tema e 15 minutos para montar o cartaz.

5.8. Chamar os grupos e iniciar a apresentação.

5.9. Após cada apresentação os membros dos outros grupos poderão dar sua contribuição sobre o tema apresentado.

5.10. Assim que todos apresentaram, fazer uma pergunta para todos: A partir dos cartazes e da apresentação, que relação podemos fazer com a vida de São Mateus?

1. Orientações para a oração pessoal (rezar um texto por dia)

1.1. Escolher um lugar para sua oração.

1.2. Determinar o horário e o tempo de sua oração.

1.3. Pedir a graça que deseja para esse momento de oração.

1.4. Ler e reler o texto com muita calma.

1.5. Concluir a oração, agradecendo ao Senhor este encontro.

2. Textos para a oração pessoal (rezar um texto por dia)

2.1. Mateus 9,9-13 – A vocação de Mateus.

2.2. Marcos 6,6-13 – A missão dos Doze.

2.3. Mateus 19,16-22 – O jovem rico.

2.4. Mateus 13,1-17 – A parábola do semeador.

2.5. Mateus 9,35-38; 10,16-33 – Operários para a messe e coragem para a missão.

2.6. Avaliação da oração pessoal durante a semana (sábado).

2.7. Domingo, participar na Paróquia ou na Comunidade.

3. Fazer a leitura orante dos textos

3.1. O que diz o texto? O texto fala de quê...

3.2. O que o texto diz para mim hoje? Penso o que preciso mudar...

3.3. O que o texto me faz dizer a Deus? Rezo, louvo, agradeço...

3.4. O que o texto me leva a fazer? Faço silêncio... Escuto o que Deus me pede.

4. Anotar em seu caderno de oração, após cada texto bíblico, o que mais tocou seu coração

5. Compromisso de vida

5.1. Pedir luz ao Espírito Santo para que você possa discernir seu chamado no seguimento de Jesus.

5.2. Visitar um jovem vocacionado que está decidido a entrar no seminário ou no convento.

5.3. Participar dos encontros vocacionais de sua paróquia.

5.4. Conversar com seu pároco sobre seu desejo de ser padre ou um religioso.

OBS.: Procure partilhar, de forma transparente e simples, com o acompanhante espiritual/vocacional os sentimentos, medos, dúvidas, receios, apegos..., pois isso o ajudará em seu discernimento vocacional.

"Jesus quer evangelizadores que anunciem a Boa-Nova, não só com palavras, mas sobretudo com uma vida transfigurada pela presença de Deus." (Papa Francisco, *Evangelii Gaudium*, p. 203)

13 A VOCAÇÃO DE FILIPE

1 • REFLEXÃO

1. Texto

Filipe fazia parte do importante grupo dos Apóstolos. Foi chamado diretamente por Jesus. As informações sobre sua vida encontramos, principalmente, no Evangelho de João. Ele provinha do mesmo lugar de origem de Pedro e André, isto é, Betsaida, da Galileia (Jo 1,44), uma pequena cidade pertencente à tetrarquia de um dos filhos de Herodes, o Grande, também chamado de Filipe (Lc 3,1).

Depois de ter sido chamado por Jesus, Filipe encontra Natanael e lhe diz: "Encontramos aquele sobre o qual escreveram Moisés, na Lei, e os Profetas: Jesus, filho de José de Nazaré" (Jo 1,45). Natanael dá uma resposta bastante cética: "Acaso pode vir alguma coisa boa de Nazaré?". Diante disso, Filipe não se desencoraja e responde com determinação: "Vem e vê!" (Jo 1,46). Com essa resposta, Filipe manifestou-se como um homem atencioso, perseverante, um autêntico anunciador da Boa-Nova de Jesus.

Filipe manifestou características da verdadeira testemunha: não se contenta em propor o anúncio, como uma teoria, mas interpela diretamente a Natanael, sugerindo-lhe que faça, ele mesmo, uma experiência pessoal com Jesus, indo ao encontro dele. É interessante que esses dois verbos usados por Filipe, "Vêm e Vê!", são usados pelo próprio Jesus quando os dois discípulos de João Batista se aproximam dele para lhe perguntar onde morava, então Jesus responde: "Vinde e vede!" (Jo 1,38-39). Vemos nessas passagens o quanto Filipe foi identificando-se com seu e nosso Mestre, Jesus Cristo.

Não podemos deixar de lado outro momento muito marcante do Evangelho de João quando ele narra a multiplicação dos pães. A cena se passou no deserto, distante das aldeias mais próximas. Quando Jesus viu a multidão que vinha para ser curada e libertada por Ele, dirigindo-se a Filipe, disse: "Onde poderemos comprar pão para este povo comer?" (Jo 6,5). Segundo o Evangelho, Jesus só disse isso para experimentar Filipe, porque Ele já sabia o que iria fazer. Filipe em sua simplicidade e voltado para a realidade disse para Jesus: "Duzentos denários de pão não bastariam para que cada um recebesse um pequeno pedaço" (Jo 6,7). Essa passagem nos ajuda a refletir sobre a condição do discípulo de Jesus, pois, através da resposta dele, notamos que o seguidor de Jesus não precisa saber de tudo, e o Mestre nos aceita assim como somos, com nossos limites e dificuldades. O que importa é estarmos sempre atentos à voz do Senhor e aprendermos dele que é manso e humilde de coração.

Outro momento marcante na vida de Filipe aconteceu momentos antes da Paixão de Jesus, quando um grupo de gregos pediu a ele para levá-los até Jesus, e, quando ele e André se aproximaram para falar dos gregos para Jesus, puderam escutar palavras profundas para a vida deles e para a nossa também. Vejamos: "Na verdade, na verdade, eu vos digo: se o grão de trigo, caindo na terra, não morrer, ficará só. Mas se morrer, dará muito fruto. Quem se apega a sua vida vai perdê-la; mas quem não se importa com sua vida neste mundo vai conservá-la para a vida eterna. Se alguém me serve, siga-me! E onde estou eu, lá estará meu servidor. Se alguém me serve, meu pai o honrará" (Jo 12,24-26). Com certeza, Filipe, ao ouvir essas palavras, pôde assumir sua missão com mais convicção e amor.

Em um dos momentos em que Jesus estava catequizando os Apóstolos, quando Filipe escutou Jesus falar que Ele era o Caminho, a Verdade e a Vida, e ninguém chegaria ao Pai senão por Ele, e quem o conhecesse, conheceria também o Pai, na empolgação ele fez um pedido a Jesus: "Senhor – disse-lhe Filipe – mostra-nos o Pai, e isto nos basta" (Jo 14,8). E Jesus com carinho e firmeza disse para Filipe: "Filipe, faz tanto tempo que estou convosco e tu não me conheces? Quem me viu, viu o Pai!" (Jo 14,9). Como dissemos, para ser um bom discípulo de Jesus, não precisamos saber tudo. O importante é estar com Jesus e ter a mente e o coração sempre abertos para aprender com Ele, como fez Filipe.

Sabemos pouco sobre a vida de Filipe, após a morte e ressurreição de Jesus, mas assim como os outros Apóstolos, cheio do Espírito Santo, em nome de Jesus e atendendo a seu pedido, foi para vários lugares testemunhar, anunciar e realizar obras maravilhosas por causa do Reino de Deus. Segundo a tradição mais comum, Filipe teria morrido crucificado em Gerápolis, no tempo do imperador Domiciano ou Trajano, aos 87 anos.

2. Bibliografia para aprofundamento do texto

2.1. BÍBLIA SAGRADA DE APARECIDA. Aparecida, Editora Santuário, 2006.

2.2. SGARBOSSA, M. & GIOVANNINI, L. *Um santo para cada dia*. São Paulo, Paulus, 1996, p. 138-139.

2.3. PAGOLA, José Antônio. *O caminho aberto por Jesus*. Petrópolis, Vozes, 2013.

2.4. BLANK, Renold. *A face mais íntima de Deus*. São Paulo, Paulus, 2011.

3. Questões para aprofundamento

3.1. Na sua opinião, o que levou Filipe a aceitar a proposta de Jesus?

3.2. Como a experiência pessoal de encontro com a pessoa de Jesus mudou a vida de Filipe?

3.3. O anseio e a inquietação de Filipe podem ser comparados aos anseios dos jovens de nosso tempo?

4. Músicas

3.1. Um certo dia à beira-mar (Pe. Zezinho, SCJ).

3.2. *Se calarem a voz dos profetas* (Cecília Vaz Castilho).

3.3. *Bastariam dois pães e dois peixes* (Roberto Malvezzi).

3.4. *Vejam, eu andei pelas vilas* (J. Thomas Filho e Frei Fabreti).

5. Atividade pessoal ou grupal

Descascando a cebola!

Objetivo: Mostrar que a palavra de Deus, apesar de dura, ilumina nossa vida e nos ajuda a construir um mundo de paz, amor e justiça para todos.

5.1. O animador forma um círculo com os participantes e distribui uma tira de papel para cada um contendo uma frase forte da Bíblia, como: "Moisés, eu te envio para libertar meu povo"; "Vai, venda tudo o que tens e dá aos pobres"; "Amem seus inimigos"; "Oferece a outra face a quem te bateu; "Perdoai e sereis perdoados"; "Quem tiver duas túnicas, reparta com o que não tem"; na missão: "Não leveis ouro, nem prata; nem mochila, nem duas túnicas, nem sandálias, nem cajado"; e outras frases bíblicas.

5.2. Assim que todos pegarem o papel, o animador pergunta: quem deseja iniciar a leitura da frase? Assim que alguém se apresentar, dar para ela uma cebola grande e bonita com casca e uma faca.

5.3. Orientar a pessoa que leu a frase a tirar uma casca da cebola.

5.4. A cada frase bíblica lida, o participante que a leu tira uma casca da cebola.

5.5. Provavelmente os participantes se sentirão incomodados por abrir a cebola.

5.6. Terminada a apresentação das frases e o descascar da cebola, realizar uma partilha a partir da seguinte questão: Que mensagem poderemos tirar para nossa vida? E o que a dinâmica tem a ver com a vida de Filipe?

5.7. O animador pode concluir, também, dizendo que a cebola é como a Bíblia, pois para ela colocar sabor na comida é preciso ser aberta e descascada. Assim é a Bíblia, pois muitas vezes ela apresenta palavras duras que exigem de nós fé, firmeza e perseverança, mas com certeza, meditando bem as Palavras de Deus, elas podem tornar nossa vida e a dos outros mais saborosas e saudáveis. A vida de Filipe também foi assim, teve momentos que para realizar a vontade de Deus ele precisou descascar a cebola, ou seja, teve de enfrentar os desafios da missão, sem desanimar.

1. Orientações para a oração pessoal (rezar um texto por dia)

1.1. Escolher um lugar para sua oração.

1.2. Determinar o horário e o tempo de sua oração.

1.3. Pedir a graça que deseja para esse momento de oração.

1.4. Ler e reler o texto com muita calma.

1.5. Concluir a oração, agradecendo ao Senhor este encontro.

2. Textos para a oração pessoal (rezar um texto por dia)

2.1. Jo 1,35-44 – O chamado de Filipe.

2.2. Jo 1,45-51 – Filipe chama Natanael para seguir Jesus.

2.3. Jo 6,5-15 – Filipe e a multiplicação dos pães.

2.4. Jo 14,5-14 – Filipe dialoga com Jesus.

2.5. Jo 12,20-26 – Filipe e André apresentam os gregos a Jesus.

2.6. Avaliação da oração pessoal durante a semana (sábado).

2.7. Domingo, participar na Paróquia ou na Comunidade.

3. Fazer a leitura orante dos textos

3.1. O que diz o texto? O texto fala de quê...

3.2. O que o texto diz para mim hoje? Penso em que preciso mudar...

3.3. O que o texto me faz dizer a Deus? Rezo, louvo, agradeço...

3.4. O que o texto me leva a fazer? Faço silêncio... Escuto o que Deus me pede.

4. Anotar em seu caderno de oração, após cada texto bíblico, o que mais tocou seu coração

5. Compromisso de vida

5.1. Procure conversar em sua comunidade sobre a importância do Apóstolo Filipe para a Igreja.

5.2. Procure alguém que trabalhe com os pobres e excluídos, marginalizados doentes, que necessitam de cuidados. Converse com essa pessoa sobre esse trabalho e o aprendizado obtido.

OBS.: Procure partilhar, de forma transparente e simples, com o acompanhante espiritual/vocacional os sentimentos, medos, dúvidas, receios, apegos..., pois isso o ajudará em seu discernimento vocacional.

Disse Filipe a Natanael: "Encontramos aquele de quem escreveram Moisés, na Lei, e os Profetas. É Jesus de Nazaré, filho de José." (João 1,45)

14 A VOCAÇÃO DA SAMARITANA

I • REFLEXÃO

1. Texto

Uma das passagens mais lindas do Evangelho de João é esta que fala da samaritana e Jesus. A paisagem em que se achava nosso Mestre era das mais belas de toda Palestina. Ficava entre os montes de Geresin e o Monte Ebal e começa em um estreito vale, onde está hoje a cidade de Naplusa, a antiga Siquem ou Sicar. Este é o ponto central em que ocorre o encontro de Jesus com a samaritana. O Poço de Jacó está localizado perto do caminho que vai de Jerusalém a Naplusa.

João é o evangelista que mais se destaca nos diálogos personalizados de Jesus. E nos apresenta o mais poético diálogo do Mestre com a mulher samaritana.

Como ser humano, Jesus também sofria de fadiga e tinha sede. Ele parou junto ao poço de Jacó para descansar enquanto seus discípulos foram atrás de comida na cidade de Sicar. Quando uma mulher samaritana foi tirar água do poço, Jesus conversou com ela, pedindo-lhe água. Notamos aqui a grande oportunidade que ela teve de servir ao mais nobre homem da história da humanidade, Jesus Cristo (Jo 4,4-8).

A mulher ficou surpresa com seu pedido. Ali estava um homem judeu que reconhecia que ela existia, pois os judeus menosprezavam os samaritanos. Ela, uma humilde mulher samaritana, com certeza já tinha sofrido preconceitos pelos homens judeus da época. Mas neste judeu, Jesus de Nazaré, ela reconheceu que havia algo de diferente dos outros. Pois além de tratá-la com dignidade, conversou com ela e pediu-lhe de beber.

Ela não tinha uma clara consciência de que estava diante do próprio Cristo, do Filho Amado de Deus, do Salvador da humanidade. Quando Jesus lhe falou que se ela soubesse quem era Ele, ela é quem pediria de beber e Ele lhe daria água viva e complementa: "... quem beber da água que eu lhe darei nunca mais terá sede; pois a água que eu lhe darei vai tornar-se dentro dele uma fonte de água corrente para a vida eterna" (Jo 4,14), a samaritana pediu dessa água para que não tivesse mais sede.

Quando a samaritana disse para Jesus que todos estavam esperando a vinda do Messias, o Cristo, para ensinar-lhes tudo que precisassem para viver como Deus quer, ela ouviu uma profunda confidência de Jesus: "Sou eu, que estou conversando contigo" (Jo 4,26). Jesus revelou para ela que Ele era o Messias esperado.

A samaritana voltou à cidade com sua fonte interior cheia, completa, saciada, jorrando e transbordando água viva. Não se conteve e anunciou aos homens e mulheres que conhecia a experiência que teve com Jesus. Diante do anúncio dela todos que a ouviram saíram ao encontro dele. Ao encontrarem-se com Jesus puderam confirmar o que a samaritana havia dito e disseram para ela: "Já não é por causa de tuas palavras que nós cremos; nós mesmos o ouvimos e sabemos que de fato é Ele o Salvador do mundo" (Jo 4, 42). Todos saciaram sua sede de salvação.

2. Bibliografia para aprofundamento do texto

2.1. BÍBLIA SAGRADA DE APARECIDA. Aparecida, Editora Santuário, 2006.

2.2. SILVA, Cássio M. D. *Evangelho e Atos dos Apóstolos.* Ed. Loyola, 2011.

2.3. PAGOLA, José Antônio. *O caminho aberto por Jesus.* Ed. Vozes, 2013.

2.4. PAPA FRANCISCO. *Evangelii Gaudium.* São Paulo, Paulinas, 2013. p. 203.

3. Questões para aprofundamento

3.1. Que a exemplo da samaritana também nós abandonemos no chão nosso "balde" sobrecarregado com nosso comodismo, nossa vida desregrada, nosso egoísmo... Que nossa alma, saciada com a graça, seja impulsionada pela alegria de anunciar a Fonte da Água da Vida, que é Jesus Cristo.

3.2. O que você pensa desse texto?

3.3. Sairia a anunciar como a samaritana?

3.4. O povo tem sede de que nos dias de hoje?

3.5. Qual é sua sede? Qual é sua fonte?

4. Músicas

4.1. *Água de poço* (Pe. Zezinho, SCJ).

4.2. *Água santa* (Ir. Miriam Kolling).

4.3. *O Senhor preparou um banquete* (M. de Fátima de Oliveira e André Zamur).

4.4. *Samaritana* (Pe. Antônio Maria).

4.5. *Cada vez que eu venho* (José A. Santana).

5. Atividade pessoal ou grupal

Boas notícias

Objetivo: Aprender a ter interesse e a valorizar a vida do outro.

5.1. Em círculo o animador deve entregar um lápis e uma folha para cada pessoa.

5.2. O animador pode dizer para o grupo palavras como essas: "Diariamente, todos nós recebemos notícias boas ou más. Algumas delas foram motivo de grande alegria e por isso as guardamos com perfeita nitidez. Vamos hoje recordar algumas dessas boas notícias".

5.3. Pedir para que cada um escreva na folha as três notícias mais felizes de sua vida.

5.4. Dar até 10 minutos para que cada pessoa tenha tempo de escrever.

5.5. Cada pessoa, começando pelo animador, partilha suas boas notícias. Assim que cada pessoa terminar sua exposição, alguém do grupo pode fazer uma pergunta a pessoa que acabou de partilhar.

5.6. O animador que acabou de partilhar pode indicar alguém para partilhar em seguida.

5.7. E assim continua a dinâmica até todos terem partilhado.

5.8. Terminada a partilha das boas notícias fazer perguntas abertas para todos:
- Para que serviu a dinâmica?
- O que descobrimos acerca dos demais?
- O que tem a ver com a história da samaritana e Jesus?

II • REZANDO MINHA VOCAÇÃO

1. Orientações para a oração pessoal (rezar um texto por dia)

1.1. Escolher um lugar para sua oração.

1.2. Determinar o horário e tempo de sua oração.

1.3. Pedir a graça que deseja para esse momento de oração.

1.4. Ler e reler o texto com muita calma.

1.5. Concluir a oração, agradecendo ao Senhor este encontro.

2. Textos para a oração pessoal (rezar um texto por dia)

2.1. João 4,4-9 – Jesus conversa com a samaritana.

2.2. João 4,10-15 – Jesus se apresenta como água viva.

2.3. João 4,15-26 – A samaritana pede dessa água para Jesus.

2.4. João 4,28-38 – A samaritana anuncia seu encontro com o Messias.

2.5. João 4,39-42 – Os samaritanos acreditaram em Jesus.

2.6. Avaliação da oração pessoal durante a semana (sábado).

2.7. Domingo, participar na Paróquia ou na Comunidade.

3. Fazer a leitura orante dos textos

3.1. O que diz o texto? O texto fala de quê...

3.2. O que o texto diz para mim hoje? Penso em que preciso mudar...

14 | A VOCAÇÃO DA SAMARITANA

3.3. O que o texto me faz dizer a Deus? Rezo, louvo, agradeço...

3.4. O que o texto me leva a fazer? Faço silêncio... Escuto o que Deus me pede.

4. Anotar em seu caderno de oração, após cada texto bíblico, aquilo que mais tocou seu coração

5. Compromisso de vida

5.1. Faça a experiência da samaritana que se encontrou com Jesus, a Fonte Verdadeira, que nos dá "Agua Viva". Procure nesses dias intensificar seus encontros com Jesus, converse com Ele, deixe que Ele toque seu coração e sua vida.

5.2. Assim como a samaritana abandonou seu balde, procure ser um anunciador entusiasta da Boa-Nova de Jesus Cristo a seus amigos e amigas.

OBS.: Procure partilhar, de forma transparente e simples, com o acompanhante espiritual/vocacional os sentimentos, medos, dúvidas, receios, apegos..., pois isso o ajudará em seu discernimento vocacional.

"Jesus quer evangelizadores que anunciem a Boa-Nova, não só com palavras, mas sobretudo com uma vida transfigurada pela presença de Deus." (Papa Francisco)

15 A VOCAÇÃO DE MARIA MADALENA

I • REFLEXÃO

1. Texto

Maria Madalena foi contemporânea de Jesus. A ela coube o anúncio da Ressurreição, pois foi a primeira a ver o Ressuscitado. Ela **é a discípula amada de Jesus.** É uma personagem controvertida na tradição canônica. Duas imagens de sua personalidade foram conservadas no inconsciente coletivo: a prostituta arrependida e a primeira testemunha da Ressurreição de Cristo.

Ela morava em um pequeno povoado próximo ao lago da Galileia. Era uma mulher explorada e desprezada, uma pecadora que teve a graça de conhecer Jesus. Jesus tratou-a com dignidade e respeito, resgatando sua vida e identidade. Assim ela pode fazer uma profunda experiência de amor e adesão à pessoa de Jesus. Foi dela que Jesus expulsou sete demônios, dando-lhe assim liberdade para viver bem. Na época, muitos problemas de ordem psíquica eram considerados possessão de espíritos maus ou doença do espírito.

Maria Madalena contemplou a crucificação de Jesus com a mãe dele, a Virgem Maria, e com a irmã de Nossa Senhora, Maria de Cléofas (Jo 19,25-27). O sentimento de perda de Maria Madalena, após a morte e sepultamento de Jesus, com certeza foi muito grande e por isso mesmo em todas as oportunidades que teve procurou estar próxima a Ele. Sua experiência de sentir-se amada e valorizada foi tão profunda, que seu amor por Jesus tornou-se maior do que ela. Foi ela que, de madrugada, tomou a iniciativa de ir ao túmulo onde Jesus foi sepultado; certamente teve medo, ficou confusa, mas nada a deteve.

O Evangelho de João nos diz que no domingo de madrugada Maria Madalena foi ao sepulcro, certamente para ungir o corpo com os perfumes, conforme costume dos judeus, mas encontrou a pedra retirada do túmulo e, em um grande desespero, ela foi até Pedro e João para comunicar-lhes que: "Tiraram o Senhor do túmulo e não sabemos onde o puseram" (Jo 20,1-2). Quando os discípulos foram e viram que Jesus não estava mais no túmulo, Madalena ficou próxima ao túmulo chorando, mas pouco depois ela viu dois anjos dentro do túmulo que se preocuparam com a dor dela (Jo, 20,11-15).

No entanto, o melhor estava para vir, a grande e feliz surpresa aconteceu em sua vida um pouco depois da conversa com os anjos. O Senhor Jesus a surpreendeu mais uma vez, pois Ele, Ressuscitado, apareceu para ela, aproximou-se, chamou-a pelo nome e lhe confiou a mensagem que Ele iria subir para o Pai e que ela deveria comunicar aos discípulos o seguinte anúncio dele: "Subo para meu Pai e vosso Pai, meu Deus e vosso Deus". Maria Madalena foi anunciar aos discípulos: "Vi o Senhor", e contou o que Ele disse (Jo 20,17-18). Maria Madalena foi possuidora de um testemunho de primeira mão. Por isso mesmo ela foi chamada pelos antigos padres da Igreja: "Apóstola dos Apóstolos". Muitos estudiosos bíblicos vão dizer que Maria Madalena tornou-se a mais importante discípula do Evangelho de João, pois amando ela buscou e, buscando, encontrou o Mestre; e uma vez encontrado, ela não se acomodou, mas evangelizou e testemunhou (BORTOLINI, J. *Como ler o Evangelho de João*, p. 192).

2. Bibliografia para aprofundamento do texto

2.1. BÍBLIA SAGRADA DE APARECIDA. Aparecida, Editora Santuário, 2006.

2.2. BORTOLIINI, J. *Como ler o Evangelho de João*. São Paulo, Paulus, 1994.

2.3. PAGOLA, José Antônio. *O caminho aberto por Jesus*. Ed. Vozes, 2013.

2.4. SILVA, Cássio M. D. *Evangelhos e Atos dos Apóstolos*. São Paulo, Loyola, 2011.

3. Questões para aprofundamento

3.1. Maria Madalena fez uma profunda experiência de encontro com Jesus e Ele a libertou de seus maus espíritos. Que tipo de experiência você já teve com Jesus?

3.2. Maria Madalena fez uma profunda experiência de dor pela perda de Jesus, pois além de morrer bárbara e injustamente na cruz, foi sepultado e seu corpo sumiu. Você já teve uma experiência de dor profunda como essa? Qual? Você conhece alguém que tenha tido uma experiência tão difícil como essa? Conte.

3.3. O reencontro, com o Cristo Ressuscitado, deu a Maria Madalena um novo ânimo, enchendo seu coração de esperança, e com muita alegria ela foi levar a boa nova aos discípulos que Jesus Cristo ia para o Pai. Você já teve uma experiência espiritual que o deixou muito contente e feliz? Conte essa experiência.

4. Músicas

4.1. *Cristo Ressuscitou, Aleluia* (Lindbergh Pires).

4.2. *Javé, o Deus dos pobres* (Frei Fabreti).

4.3. *Minha alegria* (Pe. Sílvio Milanez).

4.4. *Pelos prados e campinas* (Frei Fabreti).

5. Atividade pessoal ou grupal

O cego e o guia

Objetivo: Favorecer o desenvolvimento da confiança no outro e em si mesmo.

5.1. Pedir para que cada um se levante e vá ao encontro de alguém que conheça pouco.

5.2. Formar duplas.

5.3. Explicar a dinâmica dizendo que uma pessoa da dupla assumirá o papel de cega e a outra de guia. O guia deverá favorecer a pessoa cega a conhecer o máximo das coisas possíveis em dez minutos. Tendo passado os dez minutos, os papéis serão invertidos, ou seja, o guia assumirá o papel de cego e o cego o papel de guia, e a tarefa é a mesma. Tendo passado os vinte minutos, todos deverão voltar para a sala.

5.4. Se possível arrumar uma venda de olhos para cada dupla. Caso não consiga, peça a colaboração das pessoas que assumirão o papel de cega para serem fiéis à proposta de não abrir os olhos.

5.5. Em grupo fazer uma partilha sobre a experiência: Como se sentiu? Como foi ser conduzido? Como foi conduzir?

5.6. No final das partilhas lembrar que devemos nos entregar nas mãos de Deus sem medo. É preciso deixar que Deus sempre nos conduza.

5.7. Podemos dizer que Maria Madalena viveu um tempo na cegueira? Quando ela voltou a enxergar?

5.8. O que nos cega nos dias de hoje? O que nos ajuda a enxergar melhor nos dias de hoje?

1. Orientações para a oração pessoal

1.1. Escolher um lugar para sua oração.

1.2. Determinar o horário e tempo de sua oração.

1.3. Pedir a graça que deseja para esse momento de oração.

1.4. Ler e reler o texto com muita calma.

1.5. Concluir a oração, agradecendo ao Senhor este encontro.

2. Textos para a oração pessoal (rezar um texto por dia)

2.1. Lucas 8,1-3 – Mulher convertida tornou-se seguidora de Jesus.

2.2. João 19,25 – Maria Madalena aos pés da cruz.

2.3. João 20,1-2 – Maria Madalena e o túmulo vazio.

2.4. João 20,11-15 – A tristeza toma conta de Maria Madalena.

2.5. João 20,11-18 – O Encontro com Jesus e a portadora da Boa-Nova da Ressurreição.

2.6. Avaliação da oração pessoal durante a semana (sábado).

2.7. Domingo, participar na Paróquia ou na Comunidade.

3. Fazer a leitura orante dos textos

3.1. O que diz o texto? O texto fala de quê...

3.2. O que o texto diz para mim hoje? Penso em que preciso mudar...

3.3. O que o texto me faz dizer a Deus? Rezo, louvo, agradeço...

3.4. O que o texto me leva a fazer? Faço silêncio... Escuto o que Deus me pede.

4. Anotar em seu caderno de oração, após cada texto bíblico, aquilo que mais tocou seu coração

5. Compromisso de vida

5.1. Peça a Jesus que lhe dê discernimento para que você possa, como Maria Madalena, anunciá-lo aos irmãos e irmãs.

5.2. Qual pedra precisa ser retirada de sua vida para que você possa dar um passo a mais em sua vocação?

OBS.: Procure partilhar, de forma transparente e simples, com o acompanhante espiritual/vocacional os sentimentos, medos, dúvidas, receios, apegos..., pois isso o ajudará em seu discernimento vocacional.

Maria Madalena tornou-se a mais importante discípula do Evangelho de João, pois amando ela buscou e, buscando, encontrou o Mestre; e uma vez encontrado, ela não se acomodou, mas evangelizou e testemunhou. (BORTOLINI, J. *Como ler o Evangelho de João,* **p. 192)**

16 A VOCAÇÃO DE MARTA

I • REFLEXÃO

I. Texto

Betânia era uma cidadezinha, ou melhor, um povoado, bem perto de Jerusalém. Jesus ia sempre lá porque havia uma casa aberta para Ele. Ali Jesus passou os últimos momentos de tranquilidade e paz de sua vida, ao lado de seus grandes amigos: Marta, Maria e Lázaro, que eram irmãos.

Jesus, Divino Filho de Deus Pai e o homem de Nazaré da Galileia, em uma de suas caminhadas para anunciar o Reino de Deus, mostrou-se cansado da viagem e bateu à porta da casa dessa família que Ele tanta amava em Betânia. Com certeza, foi acolhido com muita alegria pelos irmãos. Nessa visita, Ele ensina aos irmãos e a nós o que é "o mais importante".

As duas irmãs Marta e Maria acolheram Jesus de maneiras diferentes. A forma com que cada uma acolhe nos dá dicas sobre formas de viver a vocação cristã: através de uma vida mais ativa e através de uma vida mais contemplativa. Vejamos: Maria, assim que Jesus chegou, procurou ficar perto dele, sentou-se a seus pés para escutá-lo; já Marta, preocupada em arrumar a casa para deixar Jesus mais à vontade e em fazer a comida para oferecer a Ele, mostrou-se ansiosa e cansada, chegando inclusive a interrogar Jesus se Ele não ligava em ver tantas coisas para serem feitas, sendo que sua irmã estava ali "batendo papo" com Ele; e ainda fez um pedido para que ordenasse sua irmã a ajudá-la (cf. Lc 10,39-40). Jesus escutou o clamor de sua amiga Marta e procurou orientá-la a ver a coisas com mais tranquilidade; pediu-lhe calma e disse: "Marta, Marta, andas ansiosa e preocupada com muitas coisas; todavia, uma só coisa é necessária. Pois Maria escolheu a melhor parte, e esta não lhe será tirada" (Lc 10,41-42).

Com isso Jesus não estava dizendo que o trabalho não é importante. Todos nós sabemos que em nossa vida são necessárias a ação e a vida ativa, mas são necessários também a oração, a contemplação, o descanso. E por outro lado, uma complementa a outra. Dois modelos de vida cristã que temos de coordenar e integrar, ou seja, viver tanto como a vida de Marta, vida ativa, e sua irmã Maria, vida contemplativa.

Esse episódio entre Jesus, Marta e Maria traz muitos ensinamentos para nós e ajuda-nos a tirar lições para nossa vida nos dias de hoje. Olhemos a realidade do convívio entre muitas pessoas: há aqueles que se preocupam mais em falar dos defeitos dos outros, deixando de falar das qualidades que essa mesma pessoa tem, não é verdade? E por isso mesmo pessoas são discriminadas e ficam malvistas pela sociedade. Quando vemos Marta mais preocupada com o trabalho que com a contemplação, não podemos dizer que ela não tem valor nem dizer que não gosta de rezar. Mas é preciso valorizar sua iniciativa para o trabalho, seu empenho, seu zelo e, por outro lado, é preciso reconhecer que ela precisa crescer na dimensão espiritual e contemplativa.

Marta preocupa-se em tratar bem a Jesus e por isso mesmo não mede esforços para deixar tudo "bem-arrumadinho", como devemos fazer quando vamos acolher alguém de que gostamos muito em nossa casa. Com certeza Marta pensou: "Se Jesus for bem tratado em nosso lar, Ele vai voltar mais vezes". Jesus, por amar Marta e por querer seu crescimento, aconselha-a a pensar nas coisas espirituais que são eternas e colocar as prioridades em seu devido lugar. Tudo tem seu tempo certo: tempo para cozinhar, tempo para descansar, tempo para brincar, tempo para comer, tempo para conversar, tempo para rezar, ouvindo do Senhor as lições preciosas de sua vida, a exemplo de sua irmã Maria.

O autor da Carta aos Hebreus recomenda que sejamos hospitaleiros, pois alguns, fazendo isso, hospedaram anjos (Hb 13,2). Sigamos o bom exemplo de Marta que hospedou o Filho de Deus, o Salvador, em sua casa! Hoje, Jesus bate à porta de nosso coração e diz: "Eis que estou à porta e bato; se alguém ouvir minha voz e abrir a porta, entrarei em sua casa e cearei com ele, e ele comigo" (Ap 3,20). Sejamos, portanto, bons acolhedores uns dos outros e procuremos fazer de tudo para acolher bem a Jesus Cristo em nosso coração e em nossa vida.

O evangelista João, em uma determinada passagem do Evangelho, ajuda-nos a perceber como Marta cresceu espiritualmente. Mostra-nos que, por ocasião da morte de Lázaro, ela, sabendo que Jesus estava próximo da aldeia, correu ao seu encontro e contou para Jesus sobre o ocorrido com seu irmão e, no diálogo, ela pôde fazer uma profunda profissão de fé dizendo: "Eu creio que tu és o Cristo, o Filho de Deus, aquele que vem ao mundo!" Jesus ressuscita seu amigo Lázaro, que já estava sepultado há quatro dias (Jo 11,17-45), mostrando que para Deus nada é impossível. E Marta acreditou plenamente em seu amigo Jesus.

2. Bibliografia para aprofundamento do texto

2.1. BÍBLIA SAGRADA DE APARECIDA. Aparecida, Editora Santuário, 2006.

2.2. BORTOLIINI, J. *Como ler o Evangelho de João*. São Paulo, Paulus, 1994.

2.3. STORNIOLO, Ivo. *Como ler o Evangelho de Lucas*. São Paulo, Paulus, 1992.

2.4. PAGOLA, José A. *O caminho aberto por Jesus*. Petrópolis, Vozes, 2013.

3. Questões para aprofundamento

3.1. Procuramos ouvir a Palavra de Jesus para descobrir o que fazer e como fazer?

3.2. Marta, Maria e Lázaro eram amigos de Jesus e Ele os amava. Você sente que Jesus ama você e sua comunidade?

3.3. Quando visita alguém como você é recebido?

3.4. Quando alguém o visita como você e sua família recebem a visita?

3.5. Você procura valorizar a presença da visita, conversando e estando com ela?

3.6. Olhando para sua vida atual, você se identifica mais com Marta que sempre estava preocupada em fazer as coisas ou com Maria, que procurou estar e conversar com Jesus? Por quê?

3.7. É possível ser ativo e contemplativo no dia a dia de nossa vida? Como?

4. Músicas

4.1. *Amigo, sê bem-vindo* (Ir. Miriam Kolling).

4.2. *Senhor, eu quero te agradecer* (Francisco José Silva).

4.3. *Quando te domina o cansaço* (Ir. Miriam Kolling).

4.4. *Poucos os operários* (Pe. Zezinho).

5. Atividade pessoal ou grupal

O espelho

Objetivo: Despertar para a valorização de si. Encontrar-se consigo e com seus valores.

5.1. O coordenador motiva o grupo com as seguintes palavras: Procurem pensar em uma pessoa que seja de grande significado para você. Uma pessoa muito importante a quem você gostaria de dedicar maior atenção; alguém que você ama de verdade..., com quem estabeleceu íntima comunhão..., que merece todo seu cuidado, com quem está sintonizado permanentemente... Pense nessa pessoa, com os motivos que a tornaram tão amada por você.

5.2. Pedir para todos fazerem silêncio para pensar nessa pessoa.

5.3. O orientador deverá dizer: Não sei se é a pessoa que você pensou que está aqui para vê-lo, mas ela quer vê-lo agora.

5.4. Orientar as pessoas, uma por vez, a dirigirem-se ao local onde está o espelho.

5.5. Orientar todos para que olhem e voltem silenciosamente para seus lugares, continuando a reflexão em silêncio.

5.6. Fazer uma partilha dos sentimentos e das reflexões que puderam realizar a partir da dinâmica. É muito importante conversar sobre os objetivos da dinâmica.

5.7. Pode finalizar com a seguinte questão: quais são os principais valores de sua vida?

1. Orientações para a oração pessoal

1.1. Escolher um lugar para sua oração.

1.2. Determinar o horário e tempo de sua oração.

1.3. Pedir a graça que deseja para esse momento de oração.

1.4. Ler e reler o texto com muita calma.

1.5. Concluir a oração, agradecendo ao Senhor este encontro.

2. Textos para a oração pessoal (rezar um texto por dia)

2.1. Lucas 10,38-42 – Jesus visita seus amigos: Marta, Maria e Lázaro.

2.2. João 11,17-22 – Marta confia em Jesus.

2.3. João 11,23-27 – Marta faz sua profissão de fé a Jesus.

2.4. João 11,28-32 – Marta é portadora da Presença de Jesus.

2.5. João 11,33-46 – Jesus atende ao pedido de Marta e Maria, ressuscitando Lázaro.

2.6. Avaliação da oração pessoal durante a semana (sábado).

2.7. Domingo, participar na Paróquia ou na Comunidade.

3. Fazer a leitura orante dos textos

3.1. O que diz o texto? O texto fala de quê...

3.2. O que o texto diz para mim hoje? Penso em que preciso mudar...

3.3. O que o texto me faz dizer a Deus? Rezo, louvo, agradeço...

3.4. O que o texto me leva a fazer? Faço silêncio... Escuto o que Deus me pede.

4. Anotar em seu caderno de oração, após cada texto bíblico, aquilo que mais tocou seu coração

5. Compromisso de vida

5.1. O novo passo na fé de Marta é aderir plenamente à pessoa de Jesus, e ela o faz: "Sim, Senhor. Eu acredito que tu és o Messias, o Filho de Deus que devia vir a este mundo". Você se identifica com Marta, aquela que dá um tempo em suas atividades para ouvir a voz de Jesus?

5.2. Faça a experiência todos os dias, durante um mês, de ficar um pouco ao lado de Jesus. Procure deixar que Ele fale a seu coração. Fale com Ele, também, sobre sua vida e preocupações. Quem sabe esse treino possa ajudá-lo a querer estar sempre com Jesus, todos os dias de sua vida.

OBS.: Procure partilhar, de forma transparente e simples, com o acompanhante espiritual/vocacional os sentimentos, medos, dúvidas, receios, apegos..., pois isso o ajudará em seu discernimento vocacional.

Marta professou dizendo: "Sim, Senhor! Eu creio que tu és o Cristo, o Filho de Deus, aquele que vem ao mundo." (João 11,27)

17 A VOCAÇÃO DO JOVEM RICO

I • REFLEXÃO

I. Texto

A narrativa do texto sobre o jovem rico traz-nos a mensagem que nada pode ser colocado acima do amor a Deus!

Na última viagem de Jesus a Jerusalém, Mateus, no Evangelho, diz-nos que um jovem muito rico procura Jesus. Enquanto que Marcos e Lucas narram que se trata de uma pessoa rica, de alta posição, líder, uma pessoa importante na sociedade judaica que o procura. Este fato impressionou os discípulos e muitas pessoas, pois não imaginavam que uma pessoa da alta sociedade pudesse mostrar interesse em falar com o Mestre, Jesus. Com certeza, o jovem rico já conhecia a vida, o ministério de Jesus, talvez tivesse até presenciado alguns de seus milagres, sinais e ensinamentos; tudo isso o levou a ter um fascínio por Jesus.

Quando ele perguntou: "Mestre que preciso fazer de bom para alcançar a vida eterna?" (Mt 19,16), Jesus respondeu que seria necessário cumprir os mandamentos da lei de Deus. E o jovem na conversa com Jesus disse cumprir todos os mandamentos e viver de modo zeloso e piedoso suas obrigações religiosas, amando a Deus e ao próximo. O Jovem rico mostrou-se puro, íntegro, enfim, um exemplo para a sociedade israelita.

No entanto, o jovem rico parecia querer algo mais em sua vida, queria atingir a perfeição e por isso mesmo perguntou a Jesus: "O que ainda me falta"? Respondeu-lhe Jesus: "Se queres ser perfeito, vai, vende o que possuis, dá o dinheiro aos pobres e terás um tesouro no céu; depois vem e segue-me". Ao ouvir isso, o jovem foi embora triste, porque era muito rico (Mt 19,20-22). É interessante observar que Jesus não impediu que o jovem fosse embora. Jesus não tentou amenizar o impacto de suas palavras e não ofereceu para ele um caminho mais suave com menos sacrifício. Jesus exigiu dele a mesma coisa que exige de qualquer um de nós que queira ser seu discípulo, pois para testemunhar e anunciar o Reino de Deus é preciso estar totalmente disponível, sem nenhum apego.

Com certeza Jesus amou aquele jovem e quis libertá-lo. Jesus sabia o quanto o apego à riqueza prendia o rapaz. Por isso mesmo é que Jesus fez o convite para que ele se libertasse do ídolo da riqueza material, partilhando o que tinha com os pobres e assim estaria apto para segui-lo. No entanto, o amor do jovem a Jesus não foi suficiente para que o fizesse largar o dinheiro. Muitas vezes o amor que temos a Jesus não está sendo suficiente para largarmos muitas coisas e, com isso, acabamos dando preferência ao perecível, deixando o eterno em segundo ou terceiro plano.

Não temos dúvidas de que todos nós necessitamos dos bens materiais para ter uma vida digna. Mas é preciso termos liberdade diante desses bens, ou seja, eles não podem nos dominar, ao contrário, somos nós que devemos dominar as coisas em favor de nossa vida e da vida dos irmãos e irmãs. Já estamos cansados de saber que pelo fato de algumas pessoas acumularem muitos bens, muitos acabam ficando só com as migalhas ou sem nada. Procuremos conviver com os bens que Deus nos deu, mas não sejamos dependentes deles. Que possamos sempre nos apegar a Jesus, nosso Salvador, aquele que veio para trazer-nos vida e vida em abundância.

2. Bibliografia para aprofundamento do texto

2.1. BÍBLIA SAGRADA DE APARECIDA. Aparecida, Editora Santuário, 2006.

2.2. STORNIOLO, Ivo. *Como ler o Evangelho de Mateus*. São Paulo, Paulus, 1991, p. 139-140.

2.3. PAGOLA, José A. *O caminho aberto por Jesus*. Petrópolis, Vozes, 2012.

2.4. SILVA, Cássio M. D. *Evangelhos e Atos dos Apóstolos*. São Paulo, Loyola, 2011.

3. Questões para aprofundamento

3.1. O que você diria a esse jovem rico se encontrasse com ele por aí?

3.2. Você se sente apegado a algum bem material? Qual? Por quê?

3.3. O que você pode fazer para se libertar dos bens materiais ou das coisas que te amarram?

4. Músicas

4.1 – *Antes que te formaste* (Gilmar Torres).

4.2 – *Buscai primeiro o reino de Deus* (M. Frienkeich).

4.3 – *Vem, eu mostrarei* (Waldeci Faria e Josimar Braga).

4.4. *Muito alegre eu te pedi o que era meu* (Waldeci Faria e Pe. Carlos A. Navarro).

4.5. *Quero cantar ao Senhor* (Reginaldo Veloso e Waldeci Farias).

5. Atividade pessoal ou grupal

Quem é o outro – quem é a outra?

Objetivo: Mostrar o interesse para com o outro, procurando conhecê-lo melhor.

5.1. Entregar uma folha de sulfite para cada pessoa e pedir para que ela escreva dez perguntas que você gostaria que alguém fizesse para ela.

5.2. Dar 10 minutos para cada pessoa realizar essa atividade.

5.3. Pedir para todos se levantarem e circularem pela sala lentamente, depois poderão aumentar e diminuir a velocidade dos passos.

5.4. Pedir para pararem e formarem duplas com a pessoa que estiver mais próxima.

5.5. Orientar para que cada dupla procure um lugar para se sentar, pode ser em qualquer lugar da sala ou proximidades.

5.6. Falar que em dupla a tarefa é fazer para o outro as perguntas que escreveu e anotar as respostas do amigo.

5.7. Cada pessoa terá dez minutos para responder as perguntas, portanto, essa atividade terá a duração de 20 minutos; em seguida deverá voltar para o grupo.

5.8. No grupo, cada pessoa da dupla apresentará o outro a partir das respostas dadas.

5.9. Compartilhar no grupo como foi a vivência dessa experiência, desde o seu início até o término.

1. Orientações para a oração pessoal

1.1. Escolher um lugar para sua oração.

1.2. Determinar o horário e tempo de sua oração.

1.3. Pedir a graça que deseja para esse momento de oração.

1.4. Ler e reler o texto com muita calma.

1.5. Concluir a oração, agradecendo ao Senhor este encontro.

2. Textos para a oração pessoal (rezar um texto por dia)

2.1. Mateus 19,16-19 – O encontro do jovem rico com Jesus.

2.2. Mateus 19,20-22 – O caminho para a perfeição.

2.3. Mateus 19,23-26 – O apego à riqueza nos distancia do Reino dos Céus.

2.4. Mateus 19,27-30 – A recompensa dos que deixam tudo para seguir Jesus.

2.5. 1Tm 6,17-19 – Conselho aos ricos.

2.6. Avaliação da oração pessoal durante a semana (sábado).

2.7. Domingo, participar na Paróquia ou na Comunidade.

3. Fazer a leitura orante dos textos

3.1. O que diz o texto? O texto fala de quê...

3.2. O que o texto diz para mim hoje? Penso em que preciso mudar...

3.3. O que o texto me faz dizer a Deus? Rezo, louvo, agradeço...

3.4. O que o texto me leva a fazer? Faço silêncio... Escuto o que Deus me pede.

4. Anotar em seu caderno de oração, após cada texto bíblico, aquilo que mais tocou seu coração

5. Compromisso de vida

5.1. Procure uma pessoa consagrada a Deus na vida religiosa (pessoa que fez os votos de pobreza, obediência e castidade) e converse com ela sobre o voto de pobreza. Pergunte-lhe como é possível viver esse voto no dia a dia.

OBS.: Procure partilhar, de forma transparente e simples, com o acompanhante espiritual/vocacional os sentimentos, medos, dúvidas, receios, apegos..., pois isso o ajudará em seu discernimento vocacional.

Disse Jesus: "Pois, que adianta a gente ganhar o mundo inteiro e arruinar a própria vida?" (Marcos 8,36)

18 A VOCAÇÃO DE PAULO

I • REFLEXÃO

I. Texto

O nome original de Paulo é Saulo. Ele nasceu no ano 10 na cidade de Tarso, na Cilícia, atual Turquia. À época era um polo de desenvolvimento financeiro e comercial, um populoso centro de cultura e diversões mundanas. Seu pai Eliasar era fariseu e judeu descendente da tribo de Benjamim e, também, um homem forte, instruído, tecelão, comerciante e legionário do imperador Augusto. Saulo, pelo mérito de seus serviços, recebeu o título de Cidadão Romano. Era forte, inteligente e muito fiel às leis judaicas. Grande perseguidor das primeiras comunidades cristãs, levava os cristãos, sem nenhuma piedade, à prisão, fazia isso com tranquilidade, pois julgava estar cumprindo a lei judaica.

Ele não conheceu Jesus, não desfrutou da companhia dos Apóstolos. Após a Ascensão de Cristo, conviveu pouco tempo com Pedro.

A passagem bíblica que nos conta sobre a conversão de Saulo é uma das mais comoventes e ousadas que encontramos. Deus tem seus planos e muitas vezes surpreende o ser humano de tal forma que podemos perguntar: "Como isso pode acontecer?". No entanto, não podemos nunca esquecer que para Deus nada é impossível! Assim aconteceu com Paulo e sua conversão, e diante de tal realidade perguntamos: como pôde Deus escolher e chamar um perseguidor da Igreja e transformá-lo, mais tarde, em um dos grandes apóstolos de nossa Igreja?

Como já falamos, Saulo foi um perseguidor do povo de Cristo, ele via com grande fúria tudo aquilo que era feito pelos discípulos, não olhava com bons olhos aqueles sinais e prodígios que eram manifestos para honra e glória de Deus. Estava sempre procurando autorizações nas sinagogas para poder legalizar aquelas perseguições. Participou e consentiu também da morte de Estêvão, que foi apedrejado, por manter firme a fé e não negar Jesus, como o Messias, o Salvador de todos.

Paulo, na ânsia de eliminar o cristianismo, considerado como uma "seita" pelos não cristãos da época, pediu autorização ao o sumo sacerdote para ir até as sinagogas de Damasco para encontrar "os rebeldes cristãos" e conduzi-los, presos, a Jerusalém (At 9,1-2). Mas ele mal sabia que o que estava fazendo com os cristãos, perseguindo-os, prendendo-os e até matando-os, após sua conversão, o mesmo iria acontecer com ele.

Paulo, enquanto viajava para Damasco para prender os cristãos que lá estivessem, foi surpreendido por Deus e ele não pôde realizar o que estava em sua mente. Indo no caminho, aconteceu que, chegando perto de Damasco, subitamente o cercou um resplendor de luz do céu. E ele, caindo em terra, ouviu uma voz que lhe dizia: "Saulo, Saulo, por que me persegues?" E ele perguntou: "Quem és tu Senhor?" Ele disse: "Eu sou Jesus, a quem tu persegues. Mas levanta-te, entra na cidade, e aí vão te falar o que deves fazer" (At 9,3-6). Coube ao discípulo Ananias encaminhar e preparar Paulo para sua nova vida e missão, ajudando-o a enxergar e batizando-o; e assim cheio do Espírito Santo teve sua vida completamente mudada, tornando-se um novo homem, discípulo e missionário de Nosso Senhor Jesus Cristo (At 9,8-19).

Quando ele começou a pregar o Evangelho, as pessoas tinham medo dele, pois não acreditavam em sua conversão. Aos poucos os cristãos foram acreditando em sua mudança e conversão, e os Apóstolos foram dando créditos para ele. Paulo, também, começou a ser perseguido, até mesmo pelos seus colegas que ajudavam, anteriormente, a perseguir os cristãos; teve de enfrentar muitos tribunais e prisões, mas nada mais o afastava do amor de Cristo. O livro dos Atos dos Apóstolos mostra para nós toda a vida e missão de Paulo. Vale a pena conferir.

A dedicação de Paulo foi tão grande para que o nome de Jesus Cristo fosse adorado e conhecido, bem como a Boa-Nova do Evangelho, que ele recebeu o título de Apóstolo, semelhante aos doze Apóstolos que conviveram com Jesus. Paulo para nós foi um grande missionário e deixou muitas cartas para as comunidades onde evangelizou; cartas que ajudam, hoje, nossas comunidades a viver a fé cristã, por isso mesmo é importante que as leiamos.

2. Bibliografia para aprofundamento do texto

2.1. BÍBLIA SAGRADA DE APARECIDA. Aparecida, Editora Santuário, 2006.

2.2. STORNIOLO, Ivo. *Como ler os Atos dos Apóstolos*. São Paulo, Paulus, 1993.

2.3. VVAA. *Evangelhos sinóticos e Atos dos Apóstolos*. São Paulo, Paulinas, 1986.

2.5. VVAA. *As cartas de Paulo, Tiago, Pedro e Judas*. São Paulo, Paulinas, 1987.

2.4. SILVA, Cássio M. D. *O Evangelho e os Atos dos Apóstolos*. São Paulo, Loyola, 2011.

3. Questões para aprofundamento

3.1. Para você o que levou Paulo a se converter?

3.2. Qual a importância de Paulo para os cristãos?

3.1. Paulo na Carta aos Gálatas nos diz: "De fato, pela lei morri para a lei, a fim de viver para Deus. Estou crucificado com Cristo e já não sou eu que vivo, é Cristo que vive em mim. Esta minha vida humana, eu a vivo na fé do Filho de Deus, que me amou e se entregou por mim" (Gl 2,19-20). A partir desse testemunho de Paulo, qual importância que Cristo tem em sua vida?

4. Músicas

4.1. *Eis-me aqui, Senhor* (Dom Pedro Brito Guimarães).
4.2. *Eu me entrego, Senhor, em tuas mãos* (Reginaldo Veloso e Sílvio Milanez).
4.3. *Cristo quero ser instrumento de tua paz* (Frei Fabreti).
4.4. *Momento novo* (Ernesto B. Cardoso, Paulo Roberto, Déa Affin, Éder Soares e Técio Junter).

5. Atividade pessoal ou grupal

Envelopes da fé

Objetivo: Favorecer as pessoas a perceberem que para conhecer bem as pessoas e seus projetos precisamos ir além das aparências.

5.1. Colocar uma mesa no meio da sala.
5.2. Sobre a mesa colocar três copos com água e do lado de cada copo um envelope de efervescente.
5.3. Pedir para todos prestarem atenção no que vai acontecer. Pedir silêncio para todos.
5.4. Pegar o envelope de um dos copos, levantá-lo e colocar no mesmo lugar onde estava.
5.5. Pegar o envelope, próximo ao segundo copo, e jogá-lo, sem abri-lo, dentro do copo.
5.6. Pegar o terceiro envelope, abri-lo e jogar o conteúdo dentro do copo com água.
5.7. Terminada a apresentação abrir espaço para a conversa com os participantes.
5.8. Pode-se fazer perguntas como: o que vocês acharam da dinâmica? Que relação podemos fazer com nossa vida? Que relação podemos fazer com a vida de Paulo Apóstolo?

1. Orientações para a oração pessoal

1.1. Escolher um lugar para sua oração.

1.2. Determinar o horário e tempo de sua oração.

1.3. Pedir a graça que deseja para esse momento de oração.

1.4. Ler e reler o texto com muita calma.

1.5. Concluir a oração, agradecendo ao Senhor este encontro.

2. Textos para a oração pessoal (rezar um texto por dia)

2.1. Atos 9,1-9 – A conversão de Saulo, o persegui-dor dos cristãos.

2.2. Atos 9,10-30 – A desconfiança e o acolhimento do novo irmão na comunidade cristã.

2.3. Atos 13,13-52 – Paulo anuncia a Boa-Nova aos pagãos.

2.4. Atos 15,1-35 – Paulo e o primeiro Concílio da Igreja.

2.5. 1Cor 12,12-31 – Paulo ensina-nos a viver em comunidade.

2.6. Avaliação da oração pessoal durante a semana (sábado).

2.7. Domingo, participar na Paróquia ou na Comunidade.

3. Fazer a leitura orante dos textos

3.1. O que diz o texto? O texto fala de quê...

3.2. O que o texto diz para mim hoje? Penso em que preciso mudar...

3.3. O que o texto me faz dizer a Deus? Rezo, louvo, agradeço...

3.4. O que o texto me leva a fazer? Faço silêncio... Escuto o que Deus me pede.

4. Anotar em seu caderno de oração, após cada texto bíblico, aquilo que mais tocou seu coração

5. Compromisso de vida

5.1. Paulo perseguiu os seguidores de Jesus certamente porque não tinha aberto seu coração para a Boa Nova do Senhor, e este fechamento levou-o a cometer tantas práticas injustas. Nos dias de hoje, em nossa sociedade há muitos que sofrem com as injustiças sociais. Faça contatos com movimentos e pastorais que trabalham com pessoas menosprezadas pela sociedade e procure conhecê-las melhor.

OBS.: Procure partilhar, de forma transparente e simples, com o acompanhante espiritual/vocacional os sentimentos, medos, dúvidas, receios, apegos..., pois isso o ajudará em seu discernimento vocacional.

"Agora, portanto, permanecem fé, esperança, amor, essas três coisas; mas a maior delas é o amor." (1 Coríntios 13,13)

19 JESUS CONTINUA A CHAMAR OS VOCACIONADOS

I • REFLEXÃO

I. Texto

Estamos em pleno século XXI, e o Cristianismo após dois mil anos continua mais vivo do que nunca. A palavra de Deus continua a ser pregada e vidas continuam sendo transformadas pelo poder de Deus através da ação do Espírito Santo.

Na época das primeiras comunidades cristãs, muitas eram as dificuldades para anunciar e testemunhar a Boa-Nova do Reino deixada por Jesus a nós, pois muitos eram perseguidos, presos e mortos. No entanto, hoje também existem muitas dificuldades para anunciar e testemunhar o Evangelho de Nosso Senhor Jesus Cristo. Vivemos em um mundo secularizado. O Missionário Redentorista padre Lourenço Kearns escreve que:

> "A secularização, que significa uma ênfase no atual, no agora e no mundo sensível e científico, teve alguns efeitos fantásticos... Mas houve também efeitos negativos, introduzidos pela modernidade e pela secularização. Com o passar

do tempo, o sentido da presença de Deus e das coisas sacras foi sendo esquecido e perdeu sua força e seu significado entre nós. Enfraqueceu o sentido do Sagrado, porque antigamente encontrávamos a presença de Deus no lar, no lugar de trabalho, no lugar social e político... Aceitamos a ideia de secularização, que insiste em dizer que o lugar de Deus é somente 'na igreja', e que não devemos buscá-lo nas coisas modernas, materiais e científicas nem, certamente, nas coisas cotidianas que tocam todos os aspectos da vida... Deus ficou apagado na mente de muitos cristãos, e o fenômeno de não acreditar em Deus, o ateísmo, tornou-se uma realidade entre nós".

Assim como Jesus, em sua época, chamou os Apóstolos e outros discípulos, ao longo da história do cristianismo Ele continuou chamando pessoas para segui-lo. Chamou Agostinho, Francisco, Domingos, Inácio de Loyola, Afonso de Ligório, Anchieta, Frei Galvão, Terezinha, Madre Paulina, João Scalabrini, Teresa de Calcutá, João XXIII, João Paulo II, Irmã Dulce, Irmã Doroty, Irmã Clélia Merloni, Papa Francisco, nossos pais, catequistas, agentes de pastorais, consagrados, padres, bispos, tantas pessoas... inclusive você.

Mas lembre-se sempre de que diante do chamado de Jesus há a necessidade de uma resposta. Ele pode nos chamar de diversas formas e meios: acontecimentos, realidade de nossa comunidade com suas necessidades, a necessidade de justiça e fraternidade na sociedade, através da leitura da palavra de Deus e de nossa própria vida. Quem tem ouvido: ouça! E aí eu completo quem tem boca: responda e quem tem um coração amoroso: diz sim a Jesus! Foi o próprio Cristo quem disse: "Não fostes vós que me escolhestes, mas fui eu que vos escolhi e vos designei para irdes e produzirdes fruto, e para que vosso fruto permaneça, a fim de que tudo o que pedirdes a meu Pai em meu nome, Ele vos conceda" (Jo 15,16).

2. Bibliografias para aprofundamento do texto

2.1. BÍBLIA SAGRADA DE APARECIDA. Aparecida, Editora Santuário, 2006.

2.2. KEARNS, Lourenço. *Oração cristã*. Aparecida, Santuário, 2008, p. 6.

2.3. PAGOLA, José Antônio. *O caminho aberto por Jesus*. Ed. Vozes, 2013.

2.4. CNBB. *Evangelização da juventude*. Brasília, Edições CBB, 2007.

2.5. CNBB. *Missões populares da igreja no Brasil*. Brasília, Edições CBB, 2007.

2.6. DICIONÁRIO DE CONCEITOS FUNDAMENTAIS DO CRISTIANISMO. São Paulo, Paulus, 1999.

3. Questões para aprofundamento

3.1. O que nos encanta em Jesus?

3.2. Quais são as minhas inquietações diante da realidade sociopolítica e eclesial dos dias de hoje?

3.3. Seguir a Jesus, hoje, é mais fácil ou mais difícil do que em outras épocas?

4. Músicas

4.1. *Quando chamaste os doze primeiros pra te seguir* (José A. Santana).

4.2. *Senhor, se tu me chamas eu quero te ouvir* (Frei Luiz Carlos Susin).

4.3. *No meu coração sinto chamado* (Pe. Gustavo Balbinot e Osmar Coppi).

4.4. *Como membro desta igreja peregrina* (Cireneu Kuhn).

5. Atividade pessoal ou grupal

Debate da fé!

Objetivo: Favorecer as pessoas a desenvolverem seus argumentos em vista do que acreditam.

5.1. Dividir o grupo em três subgrupos.

5.2. O primeiro subgrupo defenderá o Cristianismo e seus valores (defensores).

5.3. O segundo subgrupo atacará o cristianismo com argumentos bem-feitos (advogados do diabo).

5.4. O terceiro subgrupo fará o julgamento no final do debate (juízes).

5.5. Cada subgrupo terá no máximo 10 minutos para preparar seus argumentos.

5.6. Ver alguém que queira ser o Réu (ficaria sentado em uma cadeira em destaque e mostraria sua felicidade ou tristeza de acordo com os argumentos levantados sobre ele). No final ele poderá dizer o que quiser.

5.7. Quem começa falando é a defesa, depois os opositores. Haverá possibilidade de réplica e tréplica (ou seja haverá três oportunidades para cada subgrupo se posicionar).

5.8. No final, os juízes se reunirão por um minuto e darão o veredito final sobre o tema julgado.

5.9. Terminado o veredito dar a palavra para o réu. E todos poderão expressar seus pensamentos e sentimentos sobre a dinâmica e a realidade que vivemos.

1. Orientações para a oração pessoal

1.1. Escolher um lugar para sua oração.

1.2. Determinar o horário e tempo de sua oração.

1.3. Pedir a graça que deseja para esse momento de oração.

1.4. Ler e reler o texto com muita calma.

1.5. Concluir a oração, agradecendo ao Senhor este encontro.

2. Textos para a oração pessoal (rezar um texto por dia)

2.1. Mateus 4,18-22 – "Segui-me, e vos farei pescadores de homens".

2.2. Mateus 20,20-28 – Ele escolheu os discípulos não para serem servidos, mas para servir.

2.3. João 1,35-51 – Os primeiros discípulos.

2.4. Marcos 3,13-19 – "Escolheu doze para ficarem com Ele e para enviá-los a pregar".

2.5. Lucas 8,1-3 – Mulheres colaboram no ministério de Jesus.

2.6. Avaliação da oração pessoal durante a semana (sábado).

2.7. Domingo, participar na Paróquia ou na Comunidade.

3. Fazer a leitura orante dos textos

3.1. O que diz o texto? O texto fala de quê...

3.2. O que o texto diz para mim hoje? Penso em que preciso mudar...

3.3. O que o texto me faz dizer a Deus? Rezo, louvo, agradeço...

3.4. O que o texto me leva a fazer? Faço silêncio... Escuto o que Deus me pede.

4. Anotar em seu caderno de oração, após cada texto bíblico, aquilo que mais tocou seu coração

5. Compromisso de vida

5.1. Pelo batismo você também é um discípulo e missionário de Jesus Cristo. Procure conversar com alguém que você percebe que está distante de Jesus Cristo e convide-o para participar da comunidade com você.

OBS.: Procure partilhar, de forma transparente e simples, com o acompanhante espiritual/vocacional os sentimentos, medos, dúvidas, receios, apegos..., pois isso o ajudará em seu discernimento vocacional.

"Portanto, ide e ensinai a todas as nações, batizando-as em nome do Pai e do Filho e do Espírito Santo e ensinando-as a observar tudo o que eu vos ordenei. E eu estou convosco todos os dias, até o fim do mundo!" (Mateus 28,19-20)

20 DENTRE TANTOS VOCACIONADOS JESUS CHAMA VOCÊ

I • REFLEXÃO

I. Texto

Como vimos no capítulo anterior, Jesus Cristo continua a chamar pessoas para o seguirem, para anunciá-lo e testemunhá-lo a tantos irmãos e irmãs espalhados pelo mundo afora. Você também é chamado por Ele. Esteja sempre atento a seu chamado. Ele com certeza já o escolheu, faça sua opção por Ele, também.

Na vivência do chamado, torna-se fundamental que você esteja sempre em contanto com o Santo Evangelho, porque aí encontramos um dos principais lugares em que Jesus fala conosco. O mundo moderno, com suas diversas vozes e ilusões, está aí tentando lhe arrastar para o mundo do individualismo, do consumismo, dos prazeres desenfreados e para uma prática de prepotências. No entanto, lembre-se de que você é livre para optar, você não precisa seguir a "onda" do mundo nem a "onda" de alguns amigos e muito menos a "onda" de alguns meios de comunicação, que agridem os valores cristãos e familiares já constituídos.

Meu querido irmão e minha querida irmã, diante de tantas atrações que nos distanciam de Deus, diante de tantos incentivos para vivermos presos a sentimentos egoístas, você é chamado por Cristo para segui-lo: "Vem e segue-me". Se você fizer a opção por Jesus Cristo, lembre-se da bem-aventurança: "Bem-aventurados os pobres, porque é vosso o Reino de Deus" (Lc 6,20). Procure aprender a ser pobre, veja que a nossa grande riqueza é Jesus Cristo e o Reino de Deus e tudo mais nos será acrescentado. Perceba o que está segurando você, prendendo-o para não se colocar totalmente disposto ao Senhor para trabalhar em sua vinha. Sabemos que nem sempre é fácil deixar nossos apegos às coisas, pensamentos e pessoas, no entanto, quando colocamos Deus e sua santa vontade a nossa frente, saberemos ter as coisas sem sermos dominados por elas, conviveremos com as pessoas que têm ideias diferentes sem precisar ignorá-las, amaremos as pessoas sem sentir dependentes delas.

Deus nos deu a liberdade para viver bem nossa vida, portanto, não se sinta escravo de nada e de ninguém. Ao fazer sua opção por Jesus, faça-a com liberdade e deixe-se ser modelado por Ele. Com Ele nos tornamos pessoas construtoras de um mundo repleto de paz, amor e justiça para todos. Nessa caminhada, com Jesus, lembre-se sempre de que você não está sozinho, além do Espírito Santo, há muitas pessoas, canais da graça de Deus em sua vida, que irão ajudá-lo a firmar seus passos, assim como Ananias ajudou Paulo Apóstolo, quando se converteu.

2. Bibliografia para aprofundamento do texto

2.1. BÍBLIA SAGRADA DE APARECIDA. Aparecida, Editora Santuário, 2006.

2.2. HUMBRECHT, Terry D. *Carta aos jovens sobre vocações*. São Paulo, Paulus, 2010, p.90-92.

2.3. BLANK, Renold. *A face mais íntima de Deus*. São Paulo, Paulus, 2011.

2.4. CARRANZA, Brenda. *Catolicismo midiático*. Aparecida, Ideias e Letras, 2011.

3. Questões para aprofundamento

3.1. Como você vê o mundo de hoje?

3.2. Como as pessoas vivem a religião nos dias de hoje?

3.3. O que está faltando para que haja um maior comprometimento com a palavra de Deus, nos dias de hoje?

3.4. Quais são os grandes apegos dos jovens nos dias de hoje?

3.5. Você acredita que Jesus continua chamando pessoas para segui-lo nos dias de hoje? Como podemos perceber esse chamado?

3.6. Com quais canais da graça de Deus você pode contar hoje, para ajudar em seu discernimento vocacional?

4. Músicas

4.1. *Outra vez me vejo só com meu Deus* (Carlos Alberto e Eunivaldo S. Ferreira).

4.2. *Nossa alegria é saber que um dia* (Paulinas – COMEP).

4.3. *Tu te abeiraste da praia* (P. C. Gabarin).

4.4. *Andavam pensando tão tristes* (João Carlos Ribeiro e Tânia Anibal).

4.5. *Buscai primeiro o reino de Deus* (M. Frienkeich).

5. Atividade pessoal ou grupal

Daqui a dez anos

Objetivo: Ver as metas que cada pessoa pretende alcançar durante os próximos anos.

5.1. Convidar o grupo a ficar em círculo.

5.2. Orientar a todos a fecharem os olhos e pensarem na pessoa que você é hoje (idade, estatura, familiares, estudos, amigos, diversão etc.).

5.3. Pedir para escolherem uma profissão que cada um acredita que poderia ter um bom desempenho: professor, enfermeiro, dentista, engenheiro, pedreiro, carpinteiro, advogado etc.

5.4. Orientá-los para se imaginarem com essas profissões daqui a dez anos. Como cada um estaria: feliz, realizado, infeliz, frustrado, animado, desanimando etc.

5.5. Pedir para abrirem os olhos e partilharem as diversas fantasias e projeções.

5.6. Orientar os membros do grupo a fecharem os olhos novamente e pensarem que cada um está sentado embaixo de uma árvore pensando em sua vida. Passado pouco tempo coloca-se do seu lado Jesus Cristo, Ele senta-se com você e faz um convite para você ser um discípulo dele. E você diz: "Eis me aqui Senhor".

5.7. Passaram-se dez anos. Como você se vê daqui a dez anos seguindo Jesus Cristo? Feliz, realizado, animado, infeliz, frustrado, desanimado etc.

5.8. Depois de certo tempo pedir para todos abrirem os olhos e partilharem a sensação e os pensamentos presentes na mente.

II • REZANDO MINHA VOCAÇÃO

1. Orientações para a oração pessoal (rezar um texto por dia)

1.1. Escolher um lugar para sua oração.

1.2. Determinar o horário e tempo de sua oração.

1.3. Pedir a graça que deseja para esse momento de oração.

1.4. Ler e reler o texto com muita calma.

1.5. Concluir a oração, agradecendo ao Senhor este encontro.

2. Textos para a oração pessoal (rezar um texto por dia)

2.1. João 1,35-51 – "Rabi onde moras? Vinde e vede".

2.2. Mateus 16,24-28 – "Aquele que quiser seguir-me renuncie a si mesmo".

2.3. Mateus 4,18-21 – "Segui-me, e vos farei pescadores de homens!"

2.4. Marcos 2,13-17 – "Ele se levantou e o seguiu".

2.5. Mateus 5,1-12 – As Bem-Aventuranças.

2.6. Avaliação da oração pessoal durante a semana (sábado).

2.7. Domingo, participar na Paróquia ou na Comunidade.

3. Fazer a leitura orante dos textos

3.1. O que diz o texto? O texto fala de quê...

3.2. O que o texto diz para mim hoje? Penso em que preciso mudar...

3.3. O que o texto me faz dizer a Deus? Rezo, louvo, agradeço...

3.4. O que o texto me leva a fazer? Faço silêncio...Escuto o que Deus me pede.

4. Anotar em seu caderno de oração, após cada texto bíblico, aquilo que mais tocou seu coração

5. Compromisso de vida

5.1. Não importa quantos anos de discipulado temos, é preciso lembrar que Jesus nos chama a aprender com Ele o significado de estar com Ele. É um estar sem agenda e sem atividades. Estar para descansar, estar para ser consolado, para ser reorientado. Estar para estar. É muito bom descobrir isso!

5.2. E você gostaria de fazer essa experiência?

5.3. Procure nesses dias fazer essa experiência de estar lado a lado com Ele que o ama incondicionalmente, pois nosso Redentor deu sua vida por você.

OBS.: Procure partilhar, de forma transparente e simples, com o acompanhante espiritual/vocacional os sentimentos, medos, dúvidas, receios, apegos..., pois isso o ajudará em seu discernimento vocacional.

"Quem ama o Senhor Jesus e observa sua palavra experimenta já neste mundo a misteriosa presença de Deus Uno e Trino, como temos escutado no Evangelho: 'viremos e faremos nele nossa morada' (Jo 14,23). Por isso, todo cristão é chamado a ser pedra viva desta maravilhosa morada de Deus como os homens. Que magnífica vocação!" (Documento de Aparecida, p. 281)

CONCLUSÃO

Ao concluirmos este livro, que corresponde à segunda etapa do discernimento vocacional, notamos que, realmente, Deus vai, através do Espírito Santo, dando-nos pistas e orientações para que possamos realizar nossa missão. Assim como tantos personagens bíblicos que, quando chamados por Deus, apresentaram suas dificuldades e limites, nós também, antes de escrever este livro, uma série de obstáculos se estabeleceram em nossa frente, como a falta de tempo, limites pessoais, entre outros, mas, sempre algo estava nos inquietando e atrapalhando, mas graças a Deus, chegamos, como Moisés, próximos da Terra Prometida.

O Papa Bento XVI no início de seu pontificado quando se dirigia aos jovens na Praça de São Pedro disse: "Quem deixa Cristo entrar não perde nada, nada – absolutamente nada daquilo que torna a vida livre, bela e grande... Assim, hoje, eu quero com grande força e convicção, partindo da experiência de uma longa vida pessoal, dizer-vos a vós, caros jovens: Não tenhais medo de Cristo! Ele não tira nada, e dá tudo. Quem se dá a Ele recebe o cêntuplo. Sim, abri, escancarai as portas a Cristo e encontrareis a verdadeira vida", a verdadeira paz, a felicidade.

Percorrendo a vida de tantos vocacionados bíblicos, como tivemos a oportunidade de ler neste livro, percebemos que "A vocação" é um chamado para o seguimento de Jesus Cristo, para todas as pessoas, na diversidade de carismas, ministérios e funções... Sendo assim, todo batizado é convocado a avançar, ir além, respondendo com prontidão ao chamado de Deus Trino" (CNBB. *Texto Base do Ano Vocacional*. Brasília, 2002, n° 10).

Diante dessa constatação, é necessário para todos nós, que trabalhamos com os vocacionados e temos consciência do chamado que Deus faz a todos os batizados, percebermos que há uma nuvem que, superposta sobre muitos de nossos jovens, dificulta a percepção do chamado que Deus lhes faz. Nessa realidade, é preciso que todos os promotores vocacionais tenham grande amor, ânimo, coragem, fé e esperança para ajudá-los a enxergar muito além das nuvens que ofuscam e atrapalham a visão deles e, muitas vezes, a opção vocacional. Que possamos, com renovado ardor missionário, usar bem as novas redes, novas metodologias, novos instrumentos para despertar, animar, entusiasmar mais pessoas a seguirem Jesus Cristo, principalmente a juventude.

Diante deste horizonte e na tentativa de lançar redes para águas mais profundas é que elaboramos este subsídio e esperamos que este favoreça a todos que respiram o ar das vocações em seu dia a dia. Aos acompanhantes, um material facilitador para trabalhar com os vocacionados; e aos vocacionados, um material para ajudar em sua meditação, reflexão, aprofundamento, oração e decisão vocacional.

Esta etapa, portanto, visou favorecer o nosso jovem a se conscientizar de seu compromisso pessoal como cristão, na medida em que cada jovem vai assumindo suas responsabilidades, através das necessidades apresentadas pela família, pela comunidade, pelo povo, a exemplo dos vocacionados do Antigo e do Novo Testamento, vai amadurecendo seu sim à vontade de Deus, vai desenvolvendo seu sentido de pertença à Igreja e vai definindo sua vocação.

BIBLIOGRAFIA

BÍBLIA SAGRADA DE APARECIDA. Aparecida, Editora Santuário, 2006.

BERGAMINI, Augusto. *Cristo, festa da igreja*. São Paulo, Paulinas, 1994.

BERTOLINI, José. *O Evangelho de Marcos*. São Paulo, Paulus, 2006.

BISINOTO, Eugênio A. *Para conhecer e amar Nossa Senhora*. Aparecida, Santuário, 2005.

BLANK, Renold. *A face mais íntima de Deus*. Editora Paulus, 2011.

BOFF, Clodovis M. *Mariologia social*. São Paulo, Paulus, 2006.

BORTOLIINI, J. *Como ler o Evangelho de João*. São Paulo, Paulus, 1994.

BRUSTOLIN, Leomar A. *A mesa do pão*. São Paulo, Paulinas, 2009.

CARRANZA, Brenda. *Catolicismo midiático*. Aparecida, Ideias e Letras, 2011.

CATECISMO DA IGREJA CATÓLICA. Petrópolis, Editora Vozes, Petrópolis, 1993.

CELAM – DOCUMENTO DE APARECIDA. São Paulo, Edições CNBB, Paulus, Paulinas, 2007.

CNBB. *Evangelização da juventude*. Brasília, Edições CBB, 2007.

CNBB. *Missões populares da igreja no Brasil*. Brasília, Edições CBB, 2007.

_____. *Texto base do ano vocacional*. Brasília, 2002.

COMPÊNDIO DO DOCUMENTO VATICANO II.

DICIONÁRIO DE CONCEITOS FUNDAMENTAIS DO CRISTIANISMO. São Paulo, Paulus, 1999.

FERRARO, Benedito. *Cristologia*. Petrópolis, Vozes, 2004.

GRÜN, Anselm. *Oração e autoconhecimento*. Petrópolis, Editora Vozes, 2004.

HARRINGTON, Wilfrid J. *Chave para a Bíblia*. São Paulo, Paulus, 1985.

KEARNS, Lourenço. *Oração cristã:* Caminho para a intimidade com Deus. Aparecida, Editora Santuário, 2008.

MURAD, Afonso T. *Maria, toda de Deus e tão humana*. São Paulo: Paulinas, Aparecida: Santuário, 2012.

NETO, Rodolfo Gaede. *A diaconia de Jesus*. São Leopoldo, Sinodal. São Paulo, CEBI e Paulus, 2001.

PAGOLA, José Antônio. *O Caminho aberto por Jesus*. Editora Vozes, 2013

PADRE ZEZINHO. *De volta ao catolicismo*. São Paulo, Paulinas, 2009.

PAPA FRANCISCO. *Exortação apostólica Evangelii Gaudium*. Paulinas, São Paulo, 2013.

RODRIGUES, Francisco M. *Jesus relato histórico de Deus*. São Paulo, Paulinas, 1995.

SANTOS, Bento S. *Experiência de Deus no Antigo Testamento*. Aparecida, Editora Santuário, 1996.

SANTO AFONSO DE LIGÓRIO. *As glórias de Maria*. Aparecida, Santuário, 1989.

SCHMITZ, Quirino A. *Eu vi Jesus de Nazaré*. Aparecida, Santuário, 2003.

SGARBOSSA, M. & GIOVANNINI, L. *Um santo para cada dia.* São Paulo, Paulus, 1996.

SILVA, Cássio M. D. *Evangelho e Atos dos Apóstolos.* São Paulo, Loyola, 2011.

STORNIOLO, Ivo. *Como ler o Evangelho de Mateus.* São Paulo, Paulus, 1991.

_____. *Como ler o Evangelho de Lucas.* São Paulo, Paulus, 1992.

_____. *Como ler os Atos dos Apóstolos.* São Paulo, Paulus, 1993.

TONUCCI, Paulo. *O povo e a Bíblia – História Sagrada.* São Paulo, Paulinas, 1983.

TRIGO, Pedro. *Criação e história.* Petrópolis, Vozes, 1988.

VIANA, Antonino O. *Maria... quem é esta mulher?* Uberlândia, Editora Partilha, 2012.

VVAA. *Evangelhos sinóticos e Atos dos Apóstolos.* São Paulo, Paulinas, 1986.

_____. *As cartas de Paulo, Tiago, Pedro e Judas.* São Paulo, Paulinas, 1987.

_____. *Guia para ler a Bíblia.* São Paulo, Paulus, 1997.

Livros de Cânticos

1. *Juntos cantemos.* Aparecida, Editora Santuário, 2006.
2. *Juventude canta e encanta.* São Paulo, CCJ Gráfica e Editora, s/d.
3. *Mil e Uma canções para o Senhor.* São Paulo, Paulinas, 2002.

A marca FSC® é a garantia de que a madeira utilizada na fabricação do papel deste livro provém de florestas que foram gerenciadas de maneira ambientalmente correta, socialmente justa e economicamente viável.

Este livro foi composto com as famílias tipográficas Humanst e Stentiga
e impresso em papel Offset 75g/m² pela **Gráfica Santuário.**